Urgeschichte des Glaubens

Genesis

Bibelauslegung für die Praxis 1

Herausgegeben von der
Deutschen Bibelgesellschaft
(Evangelisches Bibelwerk)
und vom Katholischen Bibelwerk

Urgeschichte des Glaubens

Genesis

Bearbeitet von
Werner Berg
Wolfgang Baur
Günter Hegele
Rudolf Hoppe
Beatrix Moos
Peter Neumann
Werner Ullrich

Verlag
Katholisches Bibelwerk GmbH
Stuttgart

Auslegung: Werner Berg
Praxis-Texte:
Wolfgang Baur Nr. 3, 6, 12
Günter Hegele Nr. 8, 13, 17
Rudolf Hoppe Nr. 7, 9, 10
Beatrix Moos Nr. 1, 14, 16
Peter Neumann Nr. 5, 11, 15
Werner Ullrich Nr. 2, 4

CIP-Kurztitelaufnahme der Deutschen Bibliothek

Urgeschichte des Glaubens: Genesis /
bearb. von Werner Berg . . . – 2. Aufl. –
Stuttgart: Verlag Katholisches Bibelwerk, 1987. –
(Bibelauslegung für die Praxis; 1)
ISBN 3-460-25011-9

NE: Berg, Werner [Mitverf.]; GT

ISBN 3-460-25011-9

Gesamtherstellung: W. Kohlhammer Druckerei, Stuttgart

Inhalt

Hinweis für den Benutzer

Bei den Vorschlägen zur praktischen Arbeit mit den Texten bezeichnen Buchstaben (A, B, C; a, b, c) *alternative Möglichkeiten,* aus denen eine zu wählen ist; Ziffern (1, 2, 3) bezeichnen *aufeinander aufbauende Schritte* innerhalb eines bestimmten Verlaufs.

Einleitung

Die Entstehung des Buches Genesis als Teil des Pentateuchs

Das Buch Genesis (»Entstehung«; hebräisch *bereschit* = »im Anfang«; 1. Buch Mose) ist der erste Teil des Pentateuch (»Fünf-Bücher«; hebr. *Tora* = »Gesetz/Weisung«), der Genesis, Exodus, Levitikus, Numeri und Deuteronomium umfaßt. Es hat zwei ungleich große Teile, die »Urgeschichte« (Gen 1,1–11,9) und die Erzväter-(Patriarchen-)Erzählungen (Gen 11,10–50,26). Wie die anderen biblischen Bücher, so hat auch das Buch Genesis eine lange literarische Geschichte hinter sich, die seit dem 18. Jahrhundert die »Pentateuchforschung« zu erhellen suchte. Eines der Ergebnisse war, daß Mose als Verfasser des Pentateuchs nicht in Betracht kommt. Viele Beobachtungen sprechen dafür, daß der Pentateuch in seiner heutigen Gestalt nicht ein Werk aus einem Guß (und von einem Verfasser) darstellt, sondern aus einem langen und komplexen literarischen Prozeß hervorgegangen ist.

Zu diesen Beobachtungen zählen die offenkundigen Widersprüche, etwa in der Sintfluterzählung bei der Zahl der mitgenommenen Tiere, oder die Tatsache von Doppelerzählungen, z. B. die sich in manchem widersprechenden Schöpfungserzählungen Gen 1,1–2,4a und 2,4b–25; weiter zählen dazu sprachliche Eigentümlichkeiten, die auf verschiedene Verfasser schließen lassen – am auffallendsten der Gebrauch unterschiedlicher Gottesbezeichnungen: *elohim* (Gott) neben *Jahwe*, einem echten Eigennamen, der in der griechischen Übersetzung des Alten Testaments und ihr folgend in fast allen späteren Bibelübersetzungen durch das Ersatzwort *Herr* wiedergegeben wird, das im Judentum nach dem Babylonischen Exil an die Stelle des – aus Scheu vor Mißbrauch – nicht mehr ausgesprochenen Gottesnamens getreten war. So setzte sich in fast zweihundertjähriger Forschungsarbeit die Hypothese durch, daß der Pentateuch das Ergebnis einer längeren literarischen Entstehungsgeschichte ist.

Ohne hier auf Einzelheiten und von bestimmten Forschern bzw. Schulen vertretene Meinungen eingehen zu können, kann die Hypothese von der Entstehung des Buches Genesis im Zusammenhang des Pentateuchs zusammengefaßt folgendermaßen dargestellt werden: Das Buch Genesis besteht »aus mehreren durchlaufenden Quellenschriften, die ihrerseits erst nachträglich von Redaktionshand mehr oder minder kunstvoll über- und ineinandergelegt worden sind« (G. von Rad, Genesis 16). Die älteste Quellenschrift wird *»jahwistische Schicht«* genannt, weil sie von Anfang an, d.h. ab Gen 2,5, den Gottesnamen *Jahwe* verwendet. Das »jahwistische Geschichtswerk«, dessen Verfasser mit dem Kunstnamen »Jahwist« (Abkürzung: J) bezeichnet wird, entstand wohl in der davidisch-salomonischen Zeit (10. Jh. v. Chr.), vielleicht auch erst nach dem Tod Salomos (um 930 v. Chr.) in Juda. Gegen diese Datierung sind allerdings in neuerer Zeit Einwände zugunsten einer späteren Abfassungszeit (Babylonisches Exil, 6. Jh. v. Chr.) erhoben worden. Die zweite Quellenschrift wird *»elohistische Schicht«* genannt. Ihr Verfasser, der sog. »Elohist« (Abkürzung: E) gebraucht bis Ex 3 die Gottesbezeichnung *elohim* (»Gott«). Als Entstehungszeit wird das 8. Jh. und als Entstehungsraum das Nordreich Israel – weil sein Geschichtswerk Nordreichstraditionen bevorzugt – angenommen. Von einigen Exegeten wird eine eigenständige Existenz eines »elohistischen Geschichtswerks« abgelehnt (z. B. P. Volz, W. Rudolph); die elohistischen Texte seien nur Ergänzungen des jahwistischen Geschichtswerkes.

Nach dem Untergang des Nordreichs Israel (722 v. Chr.) wurden das jahwistische und das elohistische Geschichtswerk in Juda zu einem einheitlichen Werk vereinigt; sein Redaktor wird als »Jehowist« (Abkürzung: Je oder JE) bezeichnet. J diente als Grundlage; E wurde ergänzend eingearbeitet, so daß aus dem heutigen Pentateuch E nur mehr fragmentarisch zu erheben ist. Vor und/oder während des Babylonischen Exils (597/586–539 v. Chr.) erlebte das jehowistische Buch Genesis eine oder mehrere sog. deuteronomistische Bearbeitungen (Abkürzung: dtst), deshalb so genannt, weil Anliegen des Deuteronomiums (Dtn) aufgegriffen werden, z.B. die Bundestheologie, Gehorsam gegenüber Gott und seinen Weisungen, Landtheologie. Auf diese Bearbeitung(en) dürfte(n) z.B. Gen 13,16–17; 15,1–21 (in der jetzigen Gestalt); 22,15–18 u.a. zurückgehen.

Etwa in der Mitte des Babylonischen Exils, um 550 v. Chr. (noch vor Deuterojesaja), entstand in priesterlichen Kreisen in Babylonien, vielleicht unter dem Einfluß des Priesterpropheten Ezechiel, ein neuer Geschichtsentwurf, beginnend mit der Erschaffung der Welt (Gen 1,1) und bis zum Tod Moses (Dtn 34,9) reichend. Er wird »priesterschriftliches Geschichtswerk« (Abkürzung: P_g) genannt. Nach dem Exil wurde es vor allem durch gesetzliches Material (Abkürzung: P_s) erweitert. Als Gesamtwerk wird es *»Priesterschrift«* (Abkürzung: P) genannt. Spätestens um 400 v. Chr. hat der sog. Pentateuchredaktor (Abkürzung: R_{JEDP} oder R) die bisherigen literarischen Werke JE (in deuteronomistischer Bearbeitung), P und Dtn (D) zum Pentateuch zusammengefügt. P diente als Grundlage und bot auch das Aufbauschema; JE wurde eingefügt. Dabei ist der Pentateuchredaktor an manchen Stellen mit eigenen Texten zu entdekken (z. B. in der Sintfluterzählung, wohl auch mit Gen 6,1–4; vielleicht auch in Gen 14).

Nach der Arbeit dieser letzten Redaktion dürfte noch manche Einfügung vorgenommen worden sein. So ist im Buch Genesis eine Summe von Botschaften aus verschiedenen Zeiten versammelt, die jeweils als getrennte oder durch Redaktionen entstandene Werke in ihrer Zeit Verständnis für das Wirken Gottes in der Geschichte Israels wecken (z. B. Gen 12,1–3; Josefsgeschichte Gen 37–50), Glaubensfragen beantworten (z. B. 15,1–21; 18,16–33) und zum Glauben und zur Treue Gott gegenüber aufrufen (z. B. 1,1–2,4a; 22,1–19), Israel aber auch einen Spiegel vorhalten wollten (z. B. Abraham-Erzählungen).

Zum Verständnis der biblischen Urgeschichte (Gen 1,1–11,9)

Lange Zeit hat man diese Kapitel wie historische Berichte und naturwissenschaftliche Darstellungen verstanden, z. B.: Gott hat die Welt in sechs Tagen (zu je 24 Stunden) erschaffen. Am 6. Tage wurde der Mensch erschaffen; oder war es doch anders (vgl. 2,4b ff)? Man hat sogar anhand von Jahresangaben in diesen Kapiteln den Zeitpunkt errechnet, an dem Gott mit der Erschaffung der Welt begonnen hat (26. Okt. 4004 v. Chr., vgl. G. Fohrer, Grundstrukturen, 185).

Aufgrund der modernen Naturwissenschaft und ihrer Erkenntnisse entstand jedoch die Frage: Wie verhalten sich die biblischen Aussagen der Schöpfungsgeschichte zu den Erkenntnissen der Naturwissenschaft? Es entstand eine Spannung, die heute als überholt angesehen wird. Der Begriff »Urgeschichte« findet sich nicht in der Bibel; er ist ein moderner Begriff. Mit »Urgeschichte« meint man zunächst die Geschichte von den Anfängen der

Welt und des Menschen. Trotzdem sprechen die Erzählungen nicht einfach von einer fernen Vergangenheit. »Urgeschichte« ist im Sinne von »grundlegender Geschichte«, »begründender Geschichte« zu verstehen. Es geht nicht einfach um das, was am Anfang war, sondern um den Urgrund der Welt und des Menschen in ihr, um das, was Welt und Mensch bestimmt und »im Innersten zusammenhält« (Goethe, Faust). Dies wird durch verschiedene Arten (Gattungen) von Texten dargestellt.

Das Weltbild

Die biblischen Erzähler erzählen im Weltbild ihrer Zeit. Man stellt sich die Welt dreistöckig vor: die Erde als Scheibe, überwölbt vom Himmel (Firmament), unter der Erde die Unterwelt (Scheol = Reich der Toten). Die Tradenten erlebten die Wüste und das fruchtbare Land, Trockenheit und Regen. So erzählten sie von der Welt, wie sie diese erfahren haben, z. B. in Mesopotamien das Wasser als feindliches Element wegen der Überschwemmungen (vgl. 1,2; Sintfluterzählung), oder in Juda das Wasser als lebensnotwendiges Element in einem sonst trockenen Gebiet (vgl. 2,5 f.10–14), sofern es nicht im Übermaß kommt. Gen 2–4; 9,18–27; 11,1–9 ist aus der Sicht des palästinensischen Bauern erzählt, für den das Nomadenleben, aber auch die Stadt etwas wenig Erstrebenswertes, u. U. sogar ein Übel ist.

Die mythische Erzählweise

In der Urgeschichte benutzen die biblischen Erzähler Elemente aus Mythen und Epen ihrer Umwelt (Sumer, Babylon, Ägypten, Kanaan). »Der Mythos spielt in der Welt der Götter, zumindest haben die Götter entscheidenden Anteil am erzählten Geschehen« (Fohrer, Grundstrukturen, 189). Das mythologische Erzählen, d. h. das Erzählen vom Handeln der Götter, ist eine Art und Weise des Menschen, seine Erfahrungen mit sich selbst und mit der Welt auszusagen und dadurch zu verstehen. Im Hintergrund des Mythos steht die Vorstellung, daß nicht allein das, was man sieht, den Menschen und die Welt ausmacht, sondern daß Mensch und Welt von einem inneren Sinn bestimmt sind. In den mythologischen Erzählungen wird dieser Sinn von Göttern gestiftet oder von Göttern dauernd bewirkt. Die mythologische Erzählung wird oft in der Urzeit (Vorzeit) angesiedelt. Dadurch soll aber nicht einfach Vergangenes dargestellt werden, sondern es soll verständlich gemacht werden, was das Sein und das Wesen der Welt und des Menschen ist. Dies geschieht nicht in abstrakten Begriffen (Philosophie), sondern wird als Geschehen unter den Göttern oder als Geschichte der Götter mit den Menschen dargestellt. Die mythologischen Erzählungen vom Anfang der Welt und des Menschen haben die Funktion, zu erklären, was typisch für den Menschen und seine Welt ist, was seit Anfang an gilt und Welt und Mensch bestimmt. Sie wollen »Grundlegendes erläutern, was für alle Menschen gilt« (Fohrer, Grundstrukturen, 192). Die Wahrheit des Mythos liegt nicht darin, daß alles so passiert ist, wie es erzählt wird, sondern in der Bedeutung des Erzählten. So redet z. B. Gen 2–3 von der Erschaffung des Menschen am Anfang und vom ersten Sündenfall. Damit soll aber dargestellt werden, was den Menschen und seine Welt seit Anfang bis zur Gegenwart charakterisiert, was typisch für Mensch und Welt ist, was sich also immer neu wiederholt.

Zu den Mythen in diesem Sinne gehören vor allem Gen 1–3 und 6,1–4. Allerdings ist hier eine einschränkende Bemerkung zu machen. Im Alten Testament handeln nicht Götter, sondern der einzige Gott Jahwe wirkt. Die Mythen der Umwelt von der Erschaffung der Welt fließen durch das Filter des israelitischen Glaubens. Es bleiben oft nur Elemente übrig, die in den Glauben Israels passen (z. B. der Garten in Gen 2–3, der Lebensbaum in 2,9; 3,22) oder gar uminterpretiert werden (»Göttersöhne« in 6,4). Zugleich wird manches verdrängt. So kann man etwa von Gen 1 sagen: Der Text ist ausgesprochen antimythisch, obwohl er auf außerbiblische Schöpfungsmythen und -vorstellungen zurückgeht, zumindest Parallelen dazu aufweist. Auch die alttestamentliche Sintfluterzählung von Gen 6,5–8,21 ist nur äußerlich mit Sintflutmythen der Umwelt verwandt. So kommt im Alten Testament die große Flut wegen der Sündhaftigkeit der Menschheit, nicht deshalb, weil sich die Götter wegen der Überbevölkerung gestört fühlen, wie im Atram-hasis-Mythos oder Gilgamesch-Epos.

Sagen und Märchenmotive

Die »Sage« ist eine Erzählung, in der – im Unterschied zu den mythologischen Erzählungen – hauptsächlich Menschen als handelnde Personen auftreten. H. Gunkel unterscheidet drei Gruppen: die Ursagen, die Vätersagen (Gen 12–50) und die Sagen in

den sog. »historischen Büchern« (Ex, 1/2 Sam, 1/2 Kön): Volks- und Heldensagen, z. B. »David und Goliat« in 1 Sam 17.
Zu den Ursagen gehören die Erzählungen von Kain und Abel (Gen 4), von der Trunkenheit Noachs (9,20–27), vom Turmbau von Babel (11,1–9). Die Ursagen haben im wesentlichen die gleiche Funktion wie die mythischen Erzählungen bzw. die Erzählungen mit mythischen Elementen. Sie beschreiben, was seit Anfang an ist und was die Welt immer noch bestimmt: z. B. die Auseinandersetzung zwischen den Menschen (Gen 4), das Streben der Menschen nach göttlicher Größe (11,1–9). Während jedoch die mythologischen Erzählungen sich in der Regel auf die ganze Welt beziehen, sind die Sagen mehr lokal gebunden. Die Geschichte von Kain und Abel war vielleicht einmal als Stammessage Erzählgut des Keniterstammes. Die Turmbauerzählung spielt in Babylon (Ortssage). Die Erzählung vom betrunkenen Noach will wohl auch gegen Kanaan polemisieren (Stammessage).
Ein Märchenmotiv in der Urgeschichte ist die sprechende Schlange (3,1–5).

Genealogien

In der Urgeschichte, aber auch in der Patriarchengeschichte, werden an verschiedenen Stellen Genealogien (Geschlechterlisten) verwendet (5,1–32; 6,9 f; 10,1–32 usw.). In diesen Listen spiegelt sich die Vielfalt der (damaligen) Menschheit wider. Die Einheit in dieser Vielfalt wird durch die Annahme ausgedrückt, daß es für jedes Volk einen Stammvater, für jedes Handwerk oder jede Kunst einen Ahnherrn, für die Menschheit ein erstes Menschenpaar gibt. So stellt man die Einheit der Menschheit dadurch dar, daß man sie auf einen einzigen Stammvater zurückführt, der »Mensch« (*'adam*) heißt. Die Auffassung von der Sündhaftigkeit aller Menschen wird dadurch ausgedrückt, daß man erzählt: Der erste Mensch bzw. das erste Menschenpaar hat gesündigt. Die Stammbäume im Buch Genesis wollen keine historisch richtigen Angaben, sondern die anthropologisch richtige Aussage machen, daß die Menschen eines Stammes oder Volkes bzw. der ganzen Erde zusammengehören.
Die genealogischen Listen der Urgeschichte sind mit Blick auf Israel in die Urgeschichte aufgenommen. Sie versuchen das, was in den mythischen und sagenhaften Erzählungen in Gen 1–11

unter allgemein menschlichen Gesichtspunkten ausgesagt wird, in Beziehung zur Geschichte Israels zu setzen. Im heutigen Pentateuchzusammenhang läuft die Linie der Genealogien von der »Abstammung von Himmel und Erde« (2,4a) über Abraham (11,27) bis zu den Söhnen Israels (Ex 1,1–5). Die Zwischenglieder in der Urgeschichte (Gen 5; 10) repräsentieren die gesamte Menschheit mit ihren vielen Völkern. Sie sind auf Abraham und dadurch auf Israel hingeordnet, von woher sie den Segen empfangen sollen (12,1–3).

Die heilsgeschichtliche Betrachtungsweise

Gen 1–11 erzählt nicht nur allgemeine menschliche Erfahrungen, die immer und überall gelten: Gottebenbildlichkeit, Geschöpflichkeit, Sündhaftigkeit des Menschen; Leiderfahrungen, Spannungen unter den Menschen usw. Die Urgeschichte ist innerhalb des Alten Testaments Teil eines Gesamtwerkes, der Heilsgeschichte Gottes mit seinem Volk Israel (ab Gen 12). Die Geschichte des Menschen und der Welt wird durch das bestimmt, was in Gen 1–11 zur Sprache kommt, aber auch und vor allem durch das einmalige geschichtliche Handeln Gottes an Abraham-Israel. Die Urgeschichte stellt eine überwiegend heillos gewordene Welt ohne Israel dar. Heil kann sie nur durch Gott werden, und zwar konkret durch Abraham (= Israel), der aus den Völkern zum Segen für die Völker herausgerufen wurde (12,1–3).

Zum Verständnis der Patriarchengeschichte (Gen 11,10–50,56)

Unter »Patriarchen« verstehen wir das, was das Alte Testament »die Väter« (*'abot*) nennt (Dtn 1,8 u.ö.). Dazu gehören vor allem Abraham, Isaak und Jakob, der auch Israel genannt wird. Einen breiten Raum nehmen die Erzählungen über einen Sohn Jakobs ein, die sog. Josefserzählung: Gen 37; 39–50. Als geschichtliche Zeit für die Erzväter kommt entweder das frühe 2. Jahrtausend oder die Mitte des 2. Jahrtausends in Frage. Außerbiblische Quellen über die Patriarchen haben wir nicht. Texte aus dem 2. Jahrtausend können uns nur zeigen, welche Lebensverhältnisse zur Zeit der Patriarchen herrschten (Rechtsbräuche, geschichtliche Vorgänge).

Die Vätererzählungen gehen von der Vorstellung aus, daß ein Stamm oder ein Volk einen Urvater hat, von dem der Stamm bzw. das Volk abstammt. Das Volk Israel hat sich spätestens zur

Zeit Davids (um 1000 v. Chr.) als Gemeinschaft von zwölf Stämmen gefühlt. Es führte seinen Ursprung auf Jakob-Israel zurück, um damit seine Einheit auszudrücken. Doch greift das Glaubensbewußtsein Israels noch weiter zurück. Jakob ist der Sohn Isaaks, dieser der Sohn Abrahams. Abraham wird als der eigentliche Stammvater verstanden. Die Erzähler wollen in den Gestalten der Erzväter nicht nur das Schicksal von Einzelpersonen darstellen, sondern sehen darin auch die eigene Volksgeschichte widergespiegelt. Abraham, Isaak und Jakob sind in diesem Sinn Israel. »Jakob« trägt ja sogar nach einer Erzählung den Namen »Israel« (32,29; 35,10). Von diesem Verständnis her sind die Vätergeschichten nicht mehr nur volkstümliche Erzählungen über den Stammvater eines Stammes, nicht mehr nur Familiengeschichten, die man sich in den einzelnen Stämmen erzählt hat, sondern sie erzählen die Urgeschichte Israels.
Die Erzvätererzählungen charakterisieren die Geschichte Israels als eine Geschichte, die von Anfang an unter den Verheißungen und der Führung Gottes steht (vgl. Gen 24,2–13; Dtn 6,20–24; 26,5–9).

Gliederung der Patriarchenerzählungen:

1. *Abraham-Erzählungen:* 12,1–25,18 (Stammbaum 11,10–32) mit Geburt Isaaks in Gen 21; Opferung Isaaks in Gen 22.
2. *Isaak-Jakob-Esau-Erzählungen:* 25,19–37,1.
3. *Josefserzählung:* 37,2–36; 39–50 (durch 37,2 als Jakobsgeschichte verstanden) mit der Juda-Erzählung in 38. Gen 48: Jakobsegen über Efraim; Gen 49: Jakobsegen über seine Söhne; Gen 50: Tod und Begräbnis Jakobs und Josefs.

Ein Teil der Erzählungen spielt in Obermesopotamien, in der Gegend von Haran. So wird vor allem Abraham seiner Herkunft nach in obermesopotamischen Gruppen verankert. Von Haran aus zieht er nach Kanaan. Isaak und Jakob-Israel stehen dagegen außerhalb dieser Gruppen. In Haran findet aber Isaak eine Frau aus seiner Sippe. Dort heiratet auch Jakob und hält sich zwanzig Jahre auf. Die Josefserzählung spielt vor allem in Ägypten.
Innerhalb Kanaans werden die Erzväter mit besonderen Orten, den Hauptheiligtümern der Gegend, in Verbindung gebracht:

Abraham mit Hebron und dem Heiligtum in Mamre (vgl. Gen 18; 23) im südjudäischen Bergland;
Isaak mit Gerar und Beerscheba im Negeb-Gebiet (vgl. 24,62; 26);
Jakob-Israel mit Bet-El im mittelpalästinensischen Bergland (Gen 28) und mit dem Ostjordanland (Jabbok, Mahanajim; Gen 32), mit Sichem (Ebal) und Garizim in Nordpalästina (vgl. Gen 33).

Jede der Heiligtumserzählungen ist dadurch gekennzeichnet, daß der betreffende Patriarch eine Gotteserscheinung (Gotteserfahrung) hat

(Abraham in Mamre: Gen 18; Jakob in Bet-El: Gen 28; 35; Isaak in Beerscheba: 26,23).
Wesentlich für die Patriarchenerzählungen ist, daß sie Verheißungen enthalten, die in die Zukunft gerichtet sind: Land, Sohn bzw. große Nachkommenschaft (vgl. 12,1–3; 15; 17; 18,1–15; 35,12 usw.), interpretiert als Segensgabe (vgl. z. B. 12,2; 17,16.20; 48,3 f usw.).

Die Verheißungstexte verbinden die Vätererzählungen mit der Volksgeschichte, die in Ex 1 beginnt. Erst in der Geschichte Israels verwirklicht sich, was die Verheißungen an die Erzväter enthalten: reiche Nachkommenschaft bzw. Volk und Land. In den Vätererzählungen werden die Verheißungen oft nur anfanghaft erfüllt, z. B. Sohn als Anfang zahlreicher Nachkommenschaft in Gen 21; Landbesitz in Gen 23.
Charakteristisch ist, daß sich die Verheißungen Gottes nicht geradlinig erfüllen, sondern gefährdet sind: entweder von seiten der Verheißungsträger (bes. Abraham), oder von Gott selbst. Dahinter spiegelt sich die Geschichtserfahrung Israels, daß es die Verheißungsgüter »Land, großes Volk, Segen, göttliches Mitsein« nicht als selbstverständliche Güter besitzt. Es kann sie durch eigene Schuld verspielen (Jahwist). Geschichtliche Ereignisse, als Gefahren für die Verheißungsgüter, werden als Prüfung durch Gott gedeutet, damit das Volk sich der Geschenkhaftigkeit seiner Gaben bewußt bleibt (Elohist). Allerdings betont gerade die Priesterschrift mit dem Bundesgedanken die Zuverlässigkeit der göttlichen Treue zu seinen Verheißungen (Gen 17). Ähnlich tut dies auch die deuteronomistische Bearbeitung des Buches Genesis; Gen 15,7–11.17–21 enthält eine bedingungslose »Bundeszusage« an Abraham. Teilweise (22,15–18) wird jedoch auch der Gehorsam gegenüber Gott als Voraussetzung für die Treue Gottes zu seinen Verheißungen gefordert.
Die Erzvätererzählungen sind ihrer Herkunft nach zum großen Teil Familienerzählungen, Familiensagen, Stammessagen, die sich auf Ereignisse der frühen Vergangenheit beziehen. Doch ist der Begriff »Sage« mißverständlich. »Sage« bedeutet nicht einfach Dichtung im Sinne von Erfindung. Besser ist es, den Begriff wörtlich zu verstehen. Die biblischen Tradenten benutzten das, was man über die Erzväter »sagte« = »erzählte«. Die »Sage« ist »Verdichtetes«; sie »typisiert«; sie verdichtet das Allgemeine zu Individuellem.
Doch enthält Gen 12–50 auch eine andere wichtige Gattung, die man »theologische Erzählung« oder »erzählte Theologie« nennen

könnte. Dazu gehören etwa 15,1–6.7–21; 18,16–33 (formuliertes Problem V. 24 f); 20 (formuliertes Problem V. 4b); 22,1–18 (»Was ist Gottesfurcht?«) usw.

Für das theologische Verständnis der Patriarchenerzählungen ist nicht nur die Betrachtung der einzelnen Perikope wichtig, sondern der Zusammenhang der verschiedenen Texte. Da in der folgenden Erklärung vor allem Abschnitte aus dem Abrahamzyklus ausgelegt werden, soll hier der theologische »rote Faden«, der sich besonders gut an den Erzählungen des Jahwisten darstellen läßt, aufgezeigt werden. Dazu werden aber auch die anderen Tradenten E, Dtst, P und R berücksichtigt.
Die Erzählungen in Gen 12–25 deuten dem Leser die Geschichte Israels, indem sie das Fundament der Existenz Israels aufzeigen:

1. Abraham ist der Empfänger von göttlichen Verheißungen. Sie beinhalten »Land«, »einen Sohn« bzw. »Nachkommenschaft«. Dem Abraham ist verheißen, er werde »zum Segen« werden. Solange Abraham im Gehorsam handelt, ist er Segen für die, die sich zu ihm bekennen (12,2 f, vgl. 18,18; 21,22–34). Sobald er sich von Jahwe löst und eigene Wege geht, wird er zur Quelle des Unheils (12,17; 16,4 f; 20,3.9 f).

2. Der Jahwist zeigt im Auf und Ab von Gehorsam und Versagen Abrahams das Auf und Ab des von Gott Herausgerufenen. Die Verheißungen Gottes bleiben dabei immer bestehen.

12,1–9 (JP)	Auftrag Jahwes – Verheißung – Gehorsam
12,10–19 (J)	Abraham verläßt eigenmächtig das Land und gibt Sara preis. Er gefährdet dadurch die Verheißung des Landes für seine Nachkommen und das Werden des »großen Volkes« (»1. Sündenfall«)
12,20–13,4 (J)	Rückkehr ins Land (»Rückgängigmachen« des Versagens Abrahams): Sara ist wieder die Frau Abrahams und kann wieder Mutter des großen Volkes werden (vgl. 13,14–17 [dtst ergänzt?]: »erneute« Verheißungen Jahwes)
(14 [R?]	Gefährdung des Landes von außen)
(15 [dtst]	Verheißung von Sohn/Nachkommenschaft, Landbesitz/»Bund«)
16,1–6 (JP)	Eigenmächtige Sorge für den Sohn (»2. Sündenfall«)
(17 [P]	»Der Bund mit Abraham«)
18,1–15 (J)	Verheißung des Sohnes (trotz der Verfehlung von Abraham und Sara in 16,1–6)
(Drei Erzählungen über das Thema »Gerechtigkeit«:	
18,16–33 [R?]	Abraham, Lehrer von Gottes Gerechtigkeit
19 [J]	Gott, der Richter über die Gottlosen
20 [E]	Die Frage der objektiven und subjektiven Schuld)
21,1–7 (JEP)	Geburt des verheißenen Sohnes Isaak
(22,1–19 [E+dtst]	Gefährdung der Sohnesverheißung durch Gott)

(23 [P]	Erster Landbesitz)
24 (J)	Heirat Isaaks (Weiterführung der Linie Abraham-Isaak)
(25,7–11 [P]	Tod Abrahams)

In Gen 12–13 steht beim Jahwisten die Verheißung des Landes im Vordergrund, in Gen 16–21 die Verheißung und Geburt des Sohnes. Gen 15 und 17 fassen die Verheißungsgüter unter dem Stichwort »Bund« zusammen. Mit dem Durchziehen des gezeigten Landes verwirklicht sich anfanghaft die Landverheißung (12,6–9), mit dem Kauf des Grundstückes (23) anfanghaft der Land*besitz,* mit der Geburt des Sohnes Isaak (21,1–7) die Sohnes- bzw. Nachkommenschaftsverheißung (das »große Volk«), deren Verwirklichung durch die Heirat Isaaks (24) weitergeführt wird.

3. Abraham ist Israel. Im Weg Abrahams sieht Israel seine eigene Geschichte mit Gott vorgebildet und grundgelegt. Von Anfang an verhielt sich Israel so wie Abraham (Abraham als Urvater Israels); es war von der Untreue gegenüber Jahwe bedroht und wurde untreu. Israel verdankt aber auch sein Land und seine Existenz von Anfang an Jahwe (vgl. 12,1; 13,14–18 bzw. 18,1–16; 21,1–7). Die Verheißungsgaben werden trotz des Versagens nicht zurückgenommen (Dtn: »um der Väter willen«). Jahwe bleibt der zugewandte Gott (Gen 21,1). Damit ist Israel in seiner ganzen Existenz vom Ursprung her und durch die Geschichte hindurch von Gott gehalten.
Dies ist für Israel etwas Unbegreifliches. Es ist unbegreiflich,
1. daß Israel ausgewählt (herausgerufen) wurde (12,1–3);
2. daß Gott in ihm wirken wollte, ohne daß Israel etwas bieten konnte (11,30; 18,11);
3. daß Gott treu geblieben ist (15,1–21; 17; 21,1–6), trotz Selbstmächtigkeit (12,10–20; 16,1–6) und Zweifel an der Macht Gottes (18,12–13);
4. daß Gott trotz geschichtlicher Gefährdungen (14; 22) Israels Existenz im Land garantiert (15; 17: »Bund«).

Der Glaube an die göttlichen Verheißungen (15,6), die Gottesfurcht in aussichtsloser Lage (22,1–14), der Gehorsam gegenüber Gott (18,19; 22,15–18), das Halten des Bundes (17,9–13) sind von Gott erwartete Antworten Abraham-Israels.

Im Anfang schuf Gott den Himmel und die Erde

Genesis 1,1–2,4a

Gen 1,1 ist Überschrift und grundsätzliches Glaubensbekenntnis. »Himmel und Erde« umschreiben als entgegengesetzte Größen »alles«, »das All«, »das Universum«, »die Welt« (vgl. Jer 10,12). Es gibt keine ewige Existenz der Welt. Gott ist der Urheber von allem, ihr Schöpfer; er selbst gehört nicht zum Erschaffenen. Für das schöpferische Handeln verwendet der Erzähler ein Wort, das im Alten Testament nur Gott als Subjekt hat (*br'* = erschaffen; vgl. noch 1,21.27; 2,3 f). Das Verbum sagt nichts über das Wie der Erschaffung aus. Es wird auch nie ein Grundstoff genannt, aus dem Gott geschaffen hat. Das Wort drückt aber auch nicht eine Erschaffung »aus dem Nichts« aus (*creatio ex nihilo*), wenn es auch dieser Vorstellung nahe steht. Es meint ein unvergleichbares, nicht vorstellbares Tun Gottes. Gottes »Schaffen« ist grundsätzlich anders als menschliches »Schaffen«.

Die Erde war wüst und wirr, . . . aber der Geist Gottes (1,2)

Die »Welt vor der Schöpfung« wird im Bild einer »chaotischen Erde« beschrieben. Es fehlt alles, was sie zu einer bewohnbaren und lebenswerten Erde macht. Sie ist »tohuwabohu« (wüst und wirr). Sie gleicht der weglosen Wüste in schauerlicher Nacht, ist fruchtlos und leer (tohu), ein funktionsloses »Nichts«, Wüstes, sinnlos und unheimlich (bohu). Die Finsternis über der Urflut ist Bild des Todes, des Lebensbedrohenden, der Nicht-Schöpfung.

Als göttlicher Gegenpol des Chaotischen »schwebt der Geist Gottes über den Wassern«. Er ist die Macht, die das Chaotische zurückdrängt. Alles, wovon nun erzählt wird, geht allein auf das schöpferische Wirken Gottes zurück, der dem Chaos die Ordnung entgegenstellt und eine von Leben erfüllte Welt schafft.

Erschaffung der Welt bedeutet zunächst die Einrichtung der Ordnung in Gestalt der Lebensräume (1,3–13), der Zeit (1,14–19) und schließlich in der Belebung der Lebensräume (1,20–31).

Sie besteht darin, daß das eine vom anderen geschieden und getrennt ist. Ordnung besteht im voneinander Getrenntsein. So beschreibt P an den ersten drei Tagen (1,3–13) die Überwindung (Beseitigung, Zurückdrängung) des Chaos durch die Einrichtung der räumlichen Grundordnung der Welt als dem (künftigen) Lebensraum der Lebewesen.

1. Tag: Gott sprach: Es werde Licht (1,3–5)

Das Chaos der Urfinsternis wird überwunden durch das Licht. Das Licht ist die Grundvoraussetzung des Lebens, aber auch der Ordnung von Tag und Nacht. Licht und Finsternis als »Tag« und »Nacht« ergeben die zeitliche Grundordnung der Welt.

2. Tag: Ein Gewölbe entstehe . . . und scheide (1,6–10)

Das Chaos der Urflut ist dadurch beseitigt, daß die Wasser voneinander geschieden sind und das Wasser vom Land entfernt ist. Im antiken Weltbild ist das Firmament (Himmel) eine feste Wölbung über der Erde, die verhindert, daß die oberen Wasser auf die Erde herunterfallen. Die Erde selbst ist geschieden in Meer und Land. So ergibt die (Unter-)Scheidung von Himmel, Erde und Meer die räumliche Grundordnung der Schöpfung.
Die Namensgebung ist ein Akt der Herrschaftsausübung und zeigt Gott als Herrscher über die Welt.

3. Tag: Das Land lasse junges Grün wachsen . . . (1,11–13)

Das Chaos der wüsten und wirren = leeren Erde wird dadurch aufgehoben, daß die Erde grün von Pflanzen aller Art wird. Dadurch wird die Erschaffung der räumlichen Grundordnung der Welt (vgl. 1,6–10) abgeschlossen. Die Pflanzen gelten nach antiker Auffassung nicht als Lebewesen, sondern sind ein Teil der Erde. Durch die Pflanzenwelt ist die Erde nicht mehr Wüste, sondern belebende, ernährende Erde (»Pflanzenkleid«).
In der Aufzählung der Pflanzengruppen zeigt sich der Ordnungssinn des Verfassers. Er nennt die großen Gruppen der Pflanzen: die samentragenden Pflanzen (z. B. Getreide) und die Bäume mit Früchten (mit Samen im Inneren).

4. Tag: Lichter sollen sein . . . (1,14–19)

Besonders ausführlich geht Gen 1 auf die Gestirne und ihre Funktionen ein (1,14–18). Dahinter steht einerseits ein priester-

lich-kultisches, andererseits ein polemisches Anliegen. Die Priesterschrift ist sehr stark an der Dimension der Zeit interessiert (vgl. Datierung der Sintflutereignisse Gen 7f). Den Kalender zu machen, war Aufgabe der Priesterschaft. Die Grundordnung der Zeit, nämlich Tag und Nacht (vgl. 1,3–5), erhält noch eine besondere Qualität durch die Festlegung von Festzeiten und bestimmten Tagen (7. Tag; kultisch-religiöser Kalender) und durch die Gliederung in Jahre (historischer Kalender). Die Gestirne dienen so dazu, die Zeit qualitativ zu gliedern.
Nach 1,14–18 geht die Einteilung der Zeit in Tag und Nacht, gehen die Festzeiten und Jahre auf Gott, den Gott Israels, zurück. Sie sind religiös qualifiziert (hl. Zeiten). Die Gestirne sind dazu da, daß der Mensch diese Ordnungen Gottes ablesen kann. Gott ist auch der Herr der qualitativ bestimmten und gegliederten Zeit. Die einleuchtendste Funktion der Gestirne ist jedoch die Scheidung von Tag und Nacht und die Beleuchtung der Erde (1,14a.15a.16–18). Die Gestirne stehen damit in jeder Hinsicht im Dienst des Menschen. Das polemische Anliegen ist aus der Auffassung der Umwelt (Babylonien) zu verstehen, in der die Gestirne Götter oder wenigstens Göttersitze sind. Indirekt wird die Göttlichkeit der Gestirne abgelehnt. Der Schriftsteller vermeidet sogar die Namen »Sonne« und »Mond«, wohl deshalb, weil sie auch Götternamen in der Umwelt Israels waren. Statt dessen wird nur vom »kleineren« und »größeren Licht« gesprochen. Die »Herrschaft« der Gestirne – von der in der Umwelt Israels sehr nachdrücklich gesprochen wird – beschränkt sich auf so ungöttliche Größen wie Tag und Nacht. Von einer Herrschaft über den Menschen und sein Schicksal kann nicht gesprochen werden, weil allein Gott der Herr des Menschen ist.

5. und 6. Tag: Das Wasser wimmle . . . Das Land . . . (1,20–25)

Der nächste Schritt nach der Bereitstellung der Lebensräume Himmel, ernährende Erde und Meer (2. und 3. Tag) ist die Belebung dieser Lebensräume (5. und 6. Tag: 1,20–31). Der Lebensraum Meer wird/ist mit den Meerestieren, der Lebensraum »über dem Land« mit den Vögeln (5. Tag) und der Lebensraum »Erde« (Land) mit den Tieren und Menschen ausgestattet (6. Tag). Beim Tier zeigt sich erneut das Ordnungsdenken des Schriftstellers. Bei den Meerestieren wird zwischen den »großen Seetieren« (auch sagenhaften Tieren) und »anderen Lebewesen, von denen das Wasser wimmelt« (1,21), und bei den Landtieren zwischen dem »Vieh« (= Haustiere – trotz des noch fehlenden Menschen!), den »Kriechtieren« (Kleingetier am Boden) und den »Tieren des Feldes« (wilde Tiere) unterschieden (1,24f). Naturkundliche Beobachtungen zeigen sich darin, daß der Verfasser davon spricht, daß die Vögel »über dem Land am Himmelsgewölbe dahinfliegen« (V. 20), sich aber »auf dem Land vermehren« (V. 22b). Als Besonderheit für das Lebewesen Tier wird in V. 22 der Fruchtbarkeitssegen für Meerestiere und Vögel genannt; die Fruchtbarkeit als Zeichen des Lebens ist Gabe Gottes. Die Landtiere werden nicht auf ein direktes Schaffen Gottes zurückgeführt, sondern es wird mit einem Gotteswort das Land (die Erde) dazu beauftragt: »Das Land bringe hervor . . .« Damit soll die enge Beziehung der Landtiere zur »Mutter Erde« hervorgehoben werden (vgl. 2,19a).

Laßt uns den Menschen machen als unser Abbild . . . (1,26–29)

Die Verse 26–29 beschreiben Wesen und Aufgabe des Menschen und die Fürsorge Gottes für ihn. Der Mensch wird am selben Tag wie die Landtiere geschaffen. Damit will der Verfasser wohl die enge Beziehung des Menschen zu den Landtieren ausdrükken; sie ist enger als die Beziehung des Menschen zu den Meerestieren und Vögeln. Doch handelt es sich beim Menschen um ein besonderes Schöpfungswerk. Er ist das letzte, auf das alles hingeordnet ist, unterscheidet sich aber von den übrigen Schöpfungswerken. Diese Aussage wird dadurch erreicht, daß der Verfasser in V. 26 neu in der Form einer Überlegung Gottes einsetzt (Plural der Überlegung, nicht Majestätsplural). In den Versen 26–29 verwendet P auch gehäuft das nur Gott vorbehaltene Schöpfungsverbum *br'*. Außerdem ist der Mensch das einzige Lebewesen, das von Gott ausführlicher angesprochen wird. Er ist »als Abbild Gottes«, »ihm ähnlich« geschaffen (V. 26a.27a).

Die Aussage von der Gottebenbildlichkeit des Menschen hat im Laufe der Geschichte verschiedene Deutungen erfahren: Vernunftbegabtheit, aufrechter Gang, Personalität usw. Die Vorstellung, daß der Mensch nach einem Abbild (eines Gottes) geschaffen ist, findet sich auch in der Umwelt des Alten Testaments (Mesopotamien, Ägypten). Für die Deutung der biblischen Aussage ist vor allem Ägypten bedeutsam. In ägyptischen Texten ist der Pharao Abbild des Sonnen- und Schöpfergottes Re. In diesem Zusammenhang wird ihm auch die Herrschaft übertragen. In einer Inschrift im Totentempel des Amenophis III. sagt Amon-Re zum König: »Du bist mein geliebter Sohn, der aus meinen Gliedern hervorgegangen ist, mein Abbild, das ich auf Erden eingesetzt habe.«

Was in Texten der Umwelt, in Ägypten, vom König gesagt wird, gilt nach Gen 1,26 f von allen Menschen: Alle Menschen sind als Abbilder Gottes erschaffen. Sie sind jedoch nicht – wie in der ägyptischen Vorstellung – aus den Gliedern Gottes hervorgegangen, sondern von Gott »geschaffen« – eine Aussage über die Distanz zwischen Mensch und Gott. Der Mensch steht als Ebenbild Gottes in einer besonderen Gottesnähe. Als ein auf Gott bezogenes Wesen kann der Mensch nicht ohne das »Urbild« Gott, ohne die Beziehung zu Gott verstanden werden. Damit ist die Gabe der Herrschaft über die Schöpfung verbunden (V. 26b.28b). Sie ist Folge und auch sichtbarer Ausdruck der Gottebenbildlichkeit des Menschen. »Herrschen« ist eine königliche Aufgabe und besteht in der Sorge, Pflege, im Schutz und in der Hilfe des Hirten für seine Herde. Objekt der Herrschaft ist die Tierwelt und die Erde. So ist der Mensch der »(gute) Hirt« der lebendigen Schöpfung Gottes (Landtiere, Vögel, Fische). Das andere Objekt der menschlichen Herrschaft ist die Erde. »Unterwerfen« der Erde bedeutet, sie »in Besitz nehmen« und nützen. Vor allem kann der Mensch aus der Erde die Pflanzen zu seiner Nahrung nehmen. Herrschafts- und Unterwerfungsobjekt des Menschen ist seine nichtmenschliche Umwelt, nicht aber der Mitmensch.
V. 27 spricht von der Zweigeschlechtlichkeit der Menschheit. Die Nebenordnung »männlich und weiblich« (»als Mann und Frau«) und die gleichzeitige Erschaffung drücken die Gleichwertigkeit der beiden Geschlechter aus. Beide stehen je für sich als Geschöpfe in enger Beziehung zu Gott (Ebenbildlichkeit).
V. 28 wird mit der Bemerkung eingeleitet: »Gott segnete sie«. Damit ist der folgende Satz als Segenspruch gekennzeichnet. So geht es nicht um ein Fruchtbarkeitsgebot, sondern um eine Gabe des Segens, um die Gabe des Gesegnetseins des Menschen mit Fruchtbarkeit. Das Kind ist Zeichen des göttlichen Segens (vgl. Ps 115,14 f; 127,3; 128,3 f), nicht das Ergebnis einer Gebotserfüllung.

Hiermit übergebe ich euch alle Pflanzen . . . (1,29–30)

Dem Menschen und dem Tier sind unterschiedliche Lebensbereiche als Nahrungsquelle zugewiesen: der Mensch erhält die samenhaltigen Pflanzen und Fruchtbäume, die Tiere dagegen das Kraut der Erde. Beide haben zwar den gleichen Lebensraum »Erde«, sollen aber keine Rivalen sein (vgl. E. Zenger). Beide

Lebewesen haben nur pflanzliche Kost als Nahrung, d. h. – da die Pflanzen nicht als Lebewesen gelten – keiner soll auf Kosten anderer Lebewesen leben. Die Erde soll nicht durch Blutvergießen zu einer Stätte des Todes werden (vgl. E. Zenger) – ein Idealbild Gottes von der Erde.

Gott sah, daß es gut war . . . Es war sehr gut (1,31)

Die siebenmalig gleichlautend verwendete sog. Billigungsformel (1,4.10.12.18.21.25.31), beim 7. Mal noch verstärkt (1,31), sieht die Welt als vollkommen geordnet an. Die Sieben ist die Zahl der Fülle und Vollkommenheit. Die Schöpfung ist im einzelnen (1,4.10.12.18.21.25) und in ihrer Gesamtheit (1,31) vollkommen, zweckmäßig, lebensfördernd, schön und gut. Etwas Besseres kann weder gedacht werden, noch wird jemals etwas Besseres geschaffen werden. Dieses Gutsein der Schöpfung gilt trotz der oft erfahrenen Chaotik der Welt.

Am siebten Tag vollendete Gott das Werk (2,1–3)

In einem Sieben-Tage-Schema bringt der 7. Tag das Ziel, den Höhepunkt, aber auch oft die Wende. Der 7. Tag der Schöpfungserzählung symbolisiert die »Vollendung des Schöpfungswerkes«. Sie geschieht durch die Ruhe des Schöpfers (2,2b.3b), durch die Segnung und die Heiligung des 7. Tages (2,3a). Die Ruhe des Schöpfers deutet an, daß die Welt nicht mehr im Zustand des Geschaffenwerdens steht: die Welt in ihrer stabilen Ordnung hat ihre Vollkommenheit erreicht. Der Segen über den 7. Tag verleiht Lebensfülle, Lebenskraft, Fruchtbarkeit. Vom 7. Tag geht für den Menschen und seine Welt Segenskraft, Lebenskraft aus. Als »geheiligter« Tag ist er aus den übrigen Tagen für Gott, den Schöpfer, ausgesondert und mit ihm in Verbindung gebracht. Er wird zwar in Gen 2,1–3 nicht »Sabbat« genannt, weil der Sabbat in der Priesterschrift erst unter Mose eingerichtet wird (Ex 16,25–29), er steht aber hinter der Vorstellung des 7. Tages.
Die »sechs Schöpfungstage« werden jeweils mit der Formel abgeschlossen: »Es wurde Abend und es wurde Morgen: ein Tag / ein zweiter Tag . . .«; nur beim 6. Tag heißt es »*der* 6. Tag«, um ihn mit seinen Schöpfungswerken von den übrigen abzuheben. Für den 7. Tag fehlt eine solche abschließende Wendung. So hat er einen »offenen Schluß« (E. Zenger, Gottes Bogen,

100). D.h. die Ruhe Gottes, der Segen und die Heiligung des 7. Tages bestimmen weiter die Schöpfung. Damit ist eigentlich nicht die Erschaffung des Menschen das letzte Ziel der Weltschöpfung, sondern die in der Beschreibung des 7. Tages angedeutete Heilsgeschichte Gottes mit der Welt, die in der Geschichte Gottes mit Israel Gestalt gewinnt.

Das ist die Entstehungsgeschichte von Himmel und Erde (2,4a)

Die abschließende Feststellung, gleichsam die zusammenfassende Unterschrift, verwendet den hebr. Begriff *toledot* (»Generationenfolge« durch Zeugung und Geburt). Als Reihenfolge von Zeugungen und Geburten wurde in altorientalischen Schöpfungsmythen die Entstehung der Götter und der Welt erzählt. Gen 1,1–2,4a stellt dar, wie es wirklich mit dieser sog. »Generationenfolge von Himmel und Erde« bestellt ist. Nicht durch Zeugung und Geburt, sondern durch das befehlende Sprechen – durch den Willen des Schöpfers und sein Handeln – ist alles entstanden. Der Zusatz »als sie erschaffen wurden« verdeutlicht, daß »alles« durch ein unvergleichbares Tun Gottes *(br')* geworden ist.

Praxis

Thema: Chaoserfahrungen und Gottes lebenerhaltende Ordnung

I. Projektive Phase: Unsere Welterfahrungen

Vorschlag A: Collage

Eine Collage zum Thema »Die Welt, in der wir leben« erstellen. Fotos, Überschriften und Kurztexte aus Zeitschriften ausschneiden und zusammenstellen in selbstgewählter Anordnung.
Oder: Jeder wählt aus ausgelegten Fotos (»Fotosprache« oder alte Kalenderbilder) 2–4 Bilder aus und setzt sie mit denen der anderen Teilnehmer zusammen, z.B. zu einem Erdball.
Reflektierendes Gespräch: Unsere positiven und unsere negativen Welterfahrungen.

Vorschlag B: Wandzeitung

Die Teilnehmer beschriften mit ihren eigenen Assoziationen ein Plakat, das folgenden Titel vorgibt: »Meine Erfahrungen mit der Welt, in der wir leben«. Austausch im Gespräch.

Vorschlag C: Zwei Lieder

Zu Beginn werden gemeinsam zwei Lieder gesungen, wobei das eine die Schönheit der Welt thematisiert (z.B. »Mein Gott, wie schön ist deine Welt«), das andere aber die Unheilssituation der Welt (z.B. »Wieviele Straßen auf dieser Welt«).
Impuls für das anschließende Gespräch: Welches Lied kommt meinem Lebensgefühl, meiner Welterfahrung, näher?

II. Analytische Phase: Begegnung mit Genesis 1
(Überwindung des Chaos durch den Kosmos aus Gottes Wort)

1. Auf dem Hintergrund unserer Welterfahrungen mag uns die erste Schöpfungsgeschichte mit ihrer penetrant wiederkehrenden Formel »und Gott sah, daß es gut war« wie die Illusion einer heilen Welt erscheinen.
Zuerst die Teilnehmer vermuten lassen, auf welchem geschichtlichen Hintergrund der Text entstanden sein mag, dann Informationen geben zum »Sitz im Leben«:

Chaotische Zeit nach der Zerstörung Jerusalems 587 v. Chr., der Vernichtung des Staates Juda; babylonisches Exil. Verlust all dessen, was dem Volk heilig und kostbar war: Familienbindungen, Tempel, Opferfeiern, Königtum, Land der Verheißung mit dem politischen und religiösen Mittelpunkt Jerusalem. Zeit der Verwirrung, der Unordnung und Orientierungslosigkeit, der Erfahrung eigener Ohnmacht angesichts babylonischer Machtentfaltung, eigener Kultlosigkeit angesichts rauschender Götterfeste.

2. Diesen Unheilserfahrungen Judas begegnen wir auch in Gen 1,1–2. Den Text lesen, die Chaosbilder heraussuchen lassen, erklären und gemeinsam zu unseren Unheilserfahrungen in Beziehung setzen: Tohuwabohu – Finsternis – Urflut.

Urflut (hebr. tehôm) meint nicht Urmeer im heutigen Sinn, sondern den Urdrachen, der nach altorientalischem mythischem Weltbild die Erde und das Himmelsgewölbe von oben und unten mit gewaltigem Rachen umschließt und bedroht (vgl. Ps 74,13f; 89,11; Jes 27,1). Die tehôm ist ein Bild für das existentielle Grauen, das Geworfensein ins Nichts, das Bedrohtsein vom Tod.

Auf die bange Frage, ob diese Chaoserfahrungen der Urgrund der Welt und des Menschen sind, entfaltet Gen 1 eine Antwort. Programmatisch wird diese Antwort in 1,1 in Art eines Glaubensbekenntnisses zusammengefaßt:

Im Anfang	meint nicht nur eine Zeitdimension, sondern den Urgrund, den letzten und eigentlichen Grund
schuf Gott	meint wirkendes Tun Gottes, nicht ein Fertigstellen
den Himmel	
und die Erde	meint die Welt in ihrer Ganzheit

3. Gen 1,3–2,4a wird im Zusammenhang gelesen, jeder »Schöpfungstag« von einem anderen Teilnehmer. Diese Einteilung soll einen ersten Hinweis auf die strophische Struktur geben. Weitere Beobachtungen werden während des Lesens von den Teilnehmern markiert und im anschließenden Rundgespräch ausgetauscht.

4. Sieben Untergruppen schreiben den Text je eines »Schöpfungstages« (abgekürzt) graphisch geordnet auf ein Plakat. Für den 3. und 6. Tag müssen die Plakate doppeltes Format haben, da hier je zwei Schöpfungswerke erzählt werden. Nach Absprache können verschiedene Farben für die einzelnen Strukturelemente vereinbart werden:

a) Formeln (Redeformel: Dann sprach Gott / Geschehensformel: So geschah es / Billigungsformel: Gott sah, daß es gut war / Tagesformel: Es wurde Abend . . .)
b) Schöpfungswort (Rede)
c) Schöpfungstat (Gott machte . . . schuf . . . schied . . .)
d) Inhalt des Geschehens
e) Besonderheiten wie Namengebung, Segnung und Nahrungszuweisung

Alternativvorschlag: Jede Untergruppe erhält ein Blatt mit dem fotomechanisch vergrößerten Text und kennzeichnet die einzelnen Strukturelemente wiederum in den verschiedenen Farben.

5. Die sieben Plakate bzw. Textblätter werden im Plenum einander zugeordnet und mit Überschriften versehen. Beispiel:

7. Sabbat	
Scheidung	**Belebung**
3. nährende Erde – Pflanzen → Land / Meer → horizontale räumliche Grundordnung Überwindung des Chaos des tohuwabohu	6. Menschen Landtiere
2. Wasser oben / Wasser unten → vertikale räumliche Grundordnung Überwindung des Chaos der Urflut (tehôm)	5. Wasser- und Lufttiere
1. Tag / Nacht → zeitliche Grundordnung Überwindung des Chaos der Urfinsternis	4. Gestirne

Vor diesem Schaubild tauschen die Teilnehmer ihre Beobachtungen aus:

- Parallelstrukturen und auffallende Besonderheiten
- Formeln rahmen Reden und Ereignisse ein
- Den Werken der Scheidung entsprechen die Werke der Belebung
- Der »literarische Kosmos« spiegelt den Weltenkosmos wider (die Form entspricht dem Inhalt)
- Gottes ordnendes Wirken überwindet die Chaosmächte
- Der Mensch ist ein besonderes Schöpfungswerk (neuer Ansatz in V. 26 im Plural der Beratung; vgl. unser »Ratschluß«):

das letzte Werk, auf das alles hingeordnet ist, Abbild Gottes; zweigeschlechtlich und gleichwertig (gleichzeitige Erschaffung); beauftragt mit der Sorge für die Welt
- der 7. Tag als Tag der Vollendung und des Segens

III. Aneignungsphase

Wo erfahren wir in unserem Leben, daß trotz Nacht, Wüste und Tod im Grunde Gottes lebendige Ordnung wirksam ist?

Vorschlag A: Meditatives Anhören von Haydns »Schöpfung« (ganz oder in Ausschnitten). Nachspüren, wie dort das lebendige Wirken Gottes und seine lebendige Ordnung verdichtet und zum Klingen gebracht werden. Dazu können passende Diabilder eingeblendet werden.

Vorschlag B: Zu den sieben Textplakaten Bilder aus unserer Lebenswirklichkeit suchen – oder Wörter und Sätze schreiben –, die Gen 1 durch die Veranschaulichung aktualisieren.

Vorschlag C: Den Schöpfungspsalm 104, der ungefähr aus gleicher Zeit wie Gen 1 stammt, optisch codieren durch Dias oder Fotos.

Vorschlag D: Meditative Leiberfahrung. In unserem Körper dem nachspüren, was trotz aller Störungen als lebendiges Ordnungsgesetz erfahrbar ist.

1. Den Atemrhythmus erlauschen:

Ohne mein Zutun, ohne meine Anstrengung wirkt Gott unaufhörlich in mir das Wunder des Lebens:
Einatmen, einströmen lassen, empfangen des Lebensodems, der die Räume meines Körpers erfüllt, der mich belebt, stärkt und heilt . . .
Ausatmen, wieder ausströmen lassen, loslassen, hergeben, frei und leer werden, um wieder neu bereit zu werden für das Geschenk des Atems.

2. Den Rhythmus des Gehens erleben:

Einen festen Standpunkt gewinnen auf dem Grund, der mich trägt, auf dem Grund, der mich nicht ins Bodenlose versinken läßt, auf dem Grund, der mir Widerstand bietet.
Von ihm kann ich mich kraftvoll abstoßen. Er entläßt mich in die Weite. Und wieder suche ich nach dem Grund, der mich aufnimmt. Ich gewinne einen neuen Standpunkt, nehme wieder Abschied von ihm und werde beschenkt mit der Erfahrung des Weges.

Der Mensch und seine Umwelt

Genesis 2,4b–25

Während in Gen 1,1–2,4a der Mensch das letzte Schöpfungswerk ist, auf den alles hingeordnet ist, beginnt 2,4b–25 mit der Erschaffung des Menschen und ordnet um ihn herum die Welt. Es geht in der jahwistischen Erzählung im wesentlichen um die Erschaffung des Menschen und seiner Umwelt, genauer: um den Bauern bzw. Gärtner und seine Umwelt, zu der der fruchtbare Ackerboden bzw. der Garten, die Pflanzen- und Tierwelt und der Mitmensch gehören. Von der Komposition her ist der Text der erste Teil der Erzähleinheit Gen 2,4b–3,24.

Vor der Schöpfung (2,4b–6)

Der Erzähler beschreibt den Zustand »vor der Schöpfung« dadurch, daß er all das negiert, was die bäuerliche Welt bestimmt. Er versetzt den Leser in eine vegetationslose, trockene Wüste: ohne Steppenbusch, Feldkraut und Regen. Die Erde vor ihrer Erschaffung wird als unbewohnbare Erde geschildert, als »Nicht-Schöpfung«, »Chaos«. Vor allem ist dieser Zustand dadurch gekennzeichnet, daß es keinen Menschen gab, der den Ackerboden bebaute, d.h. es gab noch nicht den Bauern; denn zur Welt, zur Schöpfung, gehört unbedingt der Mensch, der Bauer. V. 6 ist zwar noch Zustandsschilderung der »Vor-Schöpfung«, nennt aber eine Voraussetzung für die Schöpfung (vgl. 1,2b). Wenn auch nicht ganz klar ist, was das hebräische Wort genau bedeutet, das in der Einheitsübersetzung mit »Feuchtigkeit« wiedergegeben ist, so ist doch anzunehmen, daß damit etwas gemeint ist, das aus der Erde aufsteigt und den Ackerboden befeuchtet.

Da formte Gott, der Herr, den Menschen aus Erde . . . (2,7a)

Für den Erzähler ist die Erschaffung der Welt die Umwandlung der vegetationslosen, lebensfeindlichen Wüste in fruchtbares Kulturland. Dazu ist jedoch der Mensch, der Bauer, notwendig. Deshalb muß als erstes und damit wichtigstes Geschöpf der

Mensch in der Welt auftreten, auch wenn dies erzählerisch zur Folge hat, daß er in eine Welt hineingesetzt wird, die ihm noch keine Lebensmöglichkeiten bietet. In der Art, wie Gott den Menschen erschafft, schließt sich der Erzähler an Vorstellungen seiner Umwelt an: der Schöpfergott als Handwerker (Töpfer), der den Menschen aus Lehm formt (z. B. Chnum in Ägypten).
V. 7a ist ein Herstellungsbericht. Damit wird die Frage nach dem Wesen des Menschen beantwortet. Der Herstellungsbericht »Da formte Gott den Menschen . . .« macht die Wesensaussage: Der Mensch (individuell und kollektiv verstanden) verdankt seine Existenz dem Schöpfergott. Das menschliche Dasein hat seinen Grund in Gott und muß zu allererst von Gott her verstanden werden. Zwischen Gott und Mensch besteht die enge und urtümliche Beziehung von Schöpfer und Geschöpf. Dies ist die erste und wichtigste Grundbeziehung, die Urbeziehung des Menschen schlechthin. Deshalb ist ein Menschenbild, in dem Gott nicht vorkommt, unvollständig. Zugleich wird aber auch ausgedrückt, daß zwischen Gott und Mensch ein Abstand besteht: der Abstand des Geschaffenen von seinem Schöpfer. Der Mensch ist nicht Gott, sondern nur Geschöpf.
Im Herstellungsbericht wird als Material »Erde (Staub) vom Ackerboden« angegeben. Der Verfasser verwendet ein Wortspiel: *'adam* (Mensch, Menschheit) und *'adama* (Ackerboden, roter Erdboden). Der Gleichklang von *'adam* und *'adama* soll das Wesen des Menschen beschreiben: *Adam* ist aus der *'adama* geformt (Herstellungsbericht), d. h. der Mensch ist ein »Erdling«, ein irdisches Wesen; er ist irdisch-begrenzt, nicht göttlich (Wesenaussage). Der Zusatz »aus dem Staub (Erde)« verdeutlicht den Charakter der Begrenztheit des Menschen; denn »Staub« (die lockere Erde, nicht Lehm) ist etwas Hinfälliges, Vergehendes. Der Mensch ist also von Natur aus »sterblich, hinfällig, niedrig« (vgl. Ps 90,3; 103,14–16; 104,29). Der Gleichklang von *'adam* und *'adama* weist aber auch auf die Zusammengehörigkeit von Mensch und Erde hin. Dabei liegt ein wechselseitiges Verhältnis vor: Der Mensch braucht als Grundlage seines Lebens den Ackerboden; er hat die Aufgabe, den Ackerboden zu bebauen, zu kultivieren. Der Ackerboden braucht aber auch den Menschen; ohne den Bauern würde er nicht zum Kulturland (vgl. Gen 2,5; Jes 45,18b). Die Beziehung des Menschen zur Erde ist die zweite Grundbeziehung des Menschen.

Gott, der Herr, blies in seine Nase den Lebensatem . . . (2,7b)

Nach V. 7b ist der Mensch aufgrund des Lebensatems, den er von Gott hat, ein lebendiges Wesen. »Lebensatem« ist nicht die »Seele« (griechisch verstanden). Für den hebräischen Menschen gibt es nicht die Unterscheidung von Leib und Seele. Er unterscheidet zwischen »Leichnam« (vgl. Num 6,6) und »lebendigem Wesen«. Lebens-(Atem) ist das, was den Menschen zum »Lebewesen« macht. Solange der Mensch atmet, lebt er. Daß er atmet, ist an der Nase erkennbar. Wenn der Atem aufhört, ist dies ein Zeichen, daß der Tod eingetreten ist. Deshalb benutzt der Erzähler die Vorstellung, daß Gott den »Lebensatem«, d.h. das Leben, in die Nase des Menschen bläst. Sachlich bedeutet dieses Bild: Der Mensch verdankt seine Lebendigkeit, sein Leben Gott. In dieser Vorstellung kann das Alte Testament den Tod als Wegnehmen des Atems durch Gott beschreiben (Ps 104,29).

Der Garten (2,8–15)

Im Verständnis des Alten Testaments gibt es keinen Menschen an sich, sondern nur den Menschen in seiner Welt (vgl. M. Heidegger). Der alttestamentliche Gläubige weiß, daß er nicht nur seine Existenz Gott verdankt und zu Gott hin seine erste Grundbeziehung hat, sondern daß er alles, was sonst zum Leben gehört und ihn glücklich macht, ebenfalls Gott verdankt. Davon sprechen zunächst die Verse 8–15.

Gott legt für den Menschen einen Garten an, der offenbar als Oase gedacht ist. Er soll dem Menschen Nahrung geben und für ihn Lebensraum sein. Der Mensch ist nicht einfach ein von Gott ins Dasein »Geworfener« (J. P. Sartre), sondern wird von Gott umsorgt. Der Garten symbolisiert diese Sorge Gottes um den Menschen. Gott macht dem Menschen sogar Freude mit seinen Gaben; sie wird durch die Schilderung der Bäume ausgedrückt: Die Bäume sind »verlockend anzusehen und mit köstlichen Früchten«. Die Gaben der Natur, die besonders der palästinensische Bauer in seinen Baumkulturen (Feigen-, Ölbäume, Weinstöcke) erlebt, sind Zeichen der wohlwollenden Fürsorge Gottes um den Menschen.

Der Erzähler (J) gibt als Ort des Gartens an: »in Eden, im Osten« (2,8). Der Name »Eden« ist wohl ursprünglich mit dem sumerischen Wort »edinu« (Steppe, Wüste) verwandt. Demnach wäre der Garten als wasserreiche (vgl. 2,10–14) Oase mitten in »edinu« (Steppe, Wüste) vorzustellen. Andererseits hört der alttestamentliche Mensch aus dem hebräischen Wort Eden »Wonne« heraus. So ist auf palästinensischem Boden der Name Eden zum Begriff eines idealen Bereichs geworden. »Eden« ist ein ideales Land, Sinnbild der geradezu märchenhaften Fürsorglichkeit Gottes.

Der »Ort« dieses Eden ist im »Osten« *(qädäm)*. Das hebräische Wort *qädäm* kann lokal, aber auch temporal verstanden werden: Als geographischer Begriff rückt er den Garten in eine weite, unbestimmte Ferne, die der Mensch der Gegenwart nicht mehr erreichen kann. Als temporaler Begriff im Sinn von »früher, Urzeit, Vorzeit«, d.h. irgendwann einmal, ist die uralte »Zeit des göttlichen Wirkens« (M. Görg, Paradies 24) gemeint.

Der Garten als Sinnbild ungebrochener göttlicher Fürsorge wird in eine ideale Zeit, in die Vorzeit, außerhalb der Gegenwart, und an einen idealen Ort, in weite Ferne, gerückt. Auf die Besonderheit dieses Zustandes weisen auch zwei Bäume hin, die botanisch nicht festlegbar sind: »Baum des Lebens« und »Baum der Erkenntnis von Gut und Böse«.

In V. 10–14 wird der Garten noch näher charakterisiert. Ein Strom, der sich in vier Flüsse teilt, bewirkt ungeheuren Wasserreichtum, der die Voraussetzung für große Fruchtbarkeit ist. Ein Land, das reiche Wasserläufe hat, an deren Ufern Baumkulturen möglich sind, ist ein gesegnetes Land (vgl. Num 24,5–7; Joël 4,18; Ez 47,1–12; Ps 107,35–38). So stellt der Strom im Garten die besondere Fürsorge Gottes um den Menschen und seine Lebensmöglichkeiten dar. Der Strom des Gartens teilt sich in vier Hauptflüsse, von denen nur der Tigris und Eufrat als die beiden Ströme Assyriens und Babyloniens, also des mesopotamischen Gebietes, bekannt sind. Gihon und Pischon und auch das reiche Land Hawila sind nicht sicher lokalisierbar.

Die heutige »Marienquelle« in Jerusalem, am Fuß der alten Davidsstadt, trägt den Namen Gihon. Sie diente seit alter Zeit der Bewässerung Jerusalems auf dem Südhügel. Ob der Verfasser diesen Gihon-»Strom« Jerusalems mit dem Strom im Garten in Verbindung sieht, bleibt unklar. Wenn ja, dann würde der Verfasser Jerusalem von einem »Paradiesstrom« bewässert sein lassen. Eine theologisch sinnträchtige Aussage: Jerusalem steht in Verbindung mit dem Paradies (vgl. M. Görg, Paradies 32).

Es könnte sein, daß mit 2,10–14 eine antike Weltkarte beschrieben wird. Die vier Ströme bewässern die ganze Welt, wie der Urstrom den Garten. Sie gehen vom Gartenstrom aus, so daß die »ganze Welt« unter der »paradiesischen« Fürsorge Gottes gedacht wird.

Gott, der Herr, nahm den Menschen und setzte ihn . . . (2,15)

In einer etwas anderen Vorstellung als in 2,5 wird in 2,15 der Mensch nun als Gartenbewohner gesehen. Er hat die Aufgabe, seinen Lebensraum zu »bebauen und zu behüten«. Die Welt als Geschenk der Fürsorge Gottes um den Menschen bedeutet kein untätiges, bequemes Leben. Die Pflege und Nutzung des Bodens, die Kultivierung der Welt als Lebensraum des Menschen ist eine Grundaufgabe des Menschen. Diese Arbeit geschieht jedoch nicht zum Nutzen der Götter (mesopotamische Schöpfungsmythen), sondern dient ausschließlich dem Menschen selbst.

Das Verbot (2,16f)

Ein besonderes Charakteristikum der Schöpfungserzählung ist ein Verbot, das Gott dem Menschen auferlegt. V. 16 betont nochmals die Sorge Gottes um den Menschen. Davon hebt sich das Verbot Gottes in V. 17 ab. Aber auch dieses ist zum Nutzen des Menschen gedacht. Der »Baum der Erkenntnis von Gut und Böse« symbolisiert eine Möglichkeit (Fähigkeit) im menschlichen Leben, die der Mensch allerdings nicht gebrauchen soll. »Gut und Böse erkennen« meint nicht »Allwissenheit« – dies ist zu intellektualistisch gedacht –, sondern bezieht sich auf das praktische Leben. Es bedeutet: darüber bestimmen (und zwar autonom, ohne Bezug zu Gott), was »heilsam und schädlich«, »zuträglich und abträglich« für das menschliche Leben ist (vgl. Dtn 1,39; 2 Sam 14,17). Die beiden gegensätzlichen Begriffe »Gutes« und »Böses« fassen zusammen: »alles, was für den Menschen und sein Leben förderlich und schädlich ist«. Das Verbot will ausdrücken: Dem Menschen ist es verwehrt, autonom, losgelöst von Gott, zu entscheiden, was sein Leben fördern soll und ihm schaden kann. Er soll es sich allein von Gott sagen lassen, auch nicht von jemand anderem (vgl. Gen 3). Damit dient das in 2,4b–25 zentral stehende Verbot der Bewahrung der ersten und grundlegenden Beziehung des Menschen, seiner Beziehung zu Gott.

Der Mensch und die Tierwelt (2,18–20)

V. 18 gibt eine Grunderfahrung des Menschen wieder, deren Feststellung Gott in den Mund gelegt wird: Die Einsamkeit ist ein Übel. Der Mensch braucht Gemeinschaft, soziale Bezüge,

ein Gegenüber, das ihm entspricht. Der Erzähler verzögert zunächst die Antwort auf die Frage, wer dieses Gegenüber des Menschen ist. Er will noch von einer weiteren Grundbeziehung, der dritten Beziehung des Menschen, sprechen, von der Urbeziehung des Menschen zur Tierwelt, als Teil der menschlichen Umwelt (V. 19f).
Wie der Mensch, so gehören auch die Tiere zur irdischen Welt (»aus dem Ackerboden«). Sie sind wie der Mensch Geschöpfe (nichts Göttliches, vgl. dagegen Ägypten). Beide sind »Lebewesen« (vgl. V. 7 mit 19). Und trotzdem besteht zwischen beiden ein wesentlicher Unterschied, den der Erzähler beim Menschen durch die Aussage, Gott habe dem Menschen den Lebensatem eingehaucht, ausdrückt: nur den Menschen zeichnet die besondere Gottesbeziehung (»der von Gott eingehauchte Atem«) aus.
V. 19b.20a erzählt das Verhältnis von Mensch und Tier. Indem Gott die Tiere dem Menschen zuführt, werden sie auf den Menschen hingeordnet; gedacht ist hier vor allem an die Haustiere. Mit der Namensgebung nimmt sie der Mensch in seinen Lebensbereich auf und übt Herrschaft über sie aus. Die dritte Urbeziehung des Menschen, die Beziehung zum Tier, ist als Herrschaft zu charakterisieren. Im Blick auf das Folgende wird sie sogleich bewertet: Ein ihm entsprechendes, gleichwertiges Gegenüber sind die Tiere nicht.

Die Frau (2,21–23)

Mit dem Herstellungsbericht 2,21–22 macht der Jahwist erneut Wesensaussagen. In V. 21 bedeutet *'adam* nicht mehr allgemein »Mensch«, sondern »Mann«. Die Erschaffung der Frau geschieht während eines »Tiefschlafes«, in dem der Mensch völlig passiv und doch offen für geheimnisvolle Ereignisse ist (vgl. Gen 15,12; Ijob 4,13). Die Art, wie Gott die Frau in der Erzählung bildet, macht das besondere Wesen der Frau deutlich. Sie wird nicht wie die Tiere aus dem Ackerboden geschaffen: dies drückt ihren Abstand und Unterschied von den in V. 19f genannten Lebewesen aus. Sie wird aus etwas vom Mann gebaut. Die Frau ist ihrem Wesen nach eng mit dem Mann verbunden und wesensverwandt. In V. 23 deutet der Jahwist selbst, wie er seinen Herstellungsbericht verstanden haben will. Die Verwandtschaftsformel »Bein von meinem Gebein, Fleisch von meinem Fleisch« (vgl. Gen

29,14; Ri 9,2f; 2 Sam 5,1; 19,13f) umschreibt die Wesensverwandtschaft von Mann und Frau. Nur in der Frau erkennt der Mann das ihm verwandte Wesen. Allgemeiner ausgedrückt: Nur der Mensch ist dem Menschen ein entsprechendes, weil wesensgleiches Gegenüber. Das Wortspiel in V. 23b unterstreicht diese Tatsache. Der Gleichklang der hebräischen Wörter für »Mann« *('isch)* und »Frau« *('ischschā)* läßt im Verständnis des Erzählers die gleiche Wesensart und enge Zusammengehörigkeit von Mann und Frau erkennen, aber auch ihren Unterschied im Geschlecht. Mann und Frau sind gleichwertig, wesensgleich, aber verschiedenartig.

Mit der Frau hat der Mann das Wesen, das in V. 18 seine Hilfe genannt wird. Als »Hilfe« ist sie jedoch dem Mann nicht untergeordnet, sondern beigesellt. Auch Gott wird in Psalmen oft »Hilfe« (vgl. Ps 35,3; 40,18) genannt, ohne daß der Beter Gott sich unterordnen will. Die tatsächliche Unterordnung der Frau unter den Mann ist nach Gen 3 Zeichen der gebrochenen, schulderfüllten Welt.

Mit den Aussagen von V. 21–23 weist der Jahwist auf die vierte Grundbeziehung des Menschen hin: die Beziehung von Mann und Frau; weiter gefaßt: die Beziehung von Mensch und Mitmensch. Diese Grundbeziehung läuft der dritten (Mensch – Tier) den Rang ab.

Die Ehe (2,24)

Nach den Aussagen in V. 23, die in den Mund des Mannes gelegt sind, ergreift der Erzähler in V. 24 selbst das Wort, um ergänzend noch etwas über die eheliche Gemeinschaft von Mann und Frau zu sagen. Er nimmt die uralte Erfahrung auf, daß Mann und Frau zueinander drängen (vgl. Spr 30,18f). Der Sohn verläßt sein Vaterhaus und bindet sich an eine andere Person, die noch nicht zu seiner Familie gehörte. Die Liebe des Mannes zur Frau ist stärker als die kindliche Liebe des Sohnes zu den Eltern. Auffallend ist hier die Einheirat des Mannes in die Familie seiner Frau. Mann und Frau gehen eine personale Bindung, eine Lebensgemeinschaft in Liebe ein (vgl. Gen 34,3). »Sie werden ein Fleisch« – wir sagen: »ein Herz und eine Seele«. Sie leben in der Ehe ihre Wesensverwandtschaft (vgl. V. 23). Es ist damit weder nur das körperliche Einswerden noch zunächst die Zeugung eines Kindes gemeint.

Sie waren nackt, aber sie schämten sich nicht (2,25)

V. 25 beschließt die jahwistische Schöpfungserzählung, d. h. die Wesensbeschreibung des idealen Menschen, und leitet zur ersten Sündenfallerzählung des Jahwisten über. Im Alten Testament ist an einer Reihe von Stellen die Nacktheit etwas Demütigendes (z. B. in 2 Sam 10,4f), Ausdruck der Hilflosigkeit; der nackte Mensch ist dem Spott seiner Mitmenschen ausgesetzt (vgl. Gen 9,22; 2 Sam 6,20). Sich-nackt-begegnen kann aber auch Zeichen der Unbefangenheit und des Vertrauens zueinander sein; so ist es in V. 25 gemeint. Sich-der-Nacktheit-nicht-schämen ist bildhafte Aussage für ein ungebrochenes Verhältnis der Menschen zueinander als sichtbarer Ausdruck des Lebens im Heil.

Praxis

Bezüge, in denen der Mensch steht

Die Bibel bringt nach dem ersten einen zweiten Schöpfungsbericht. Warum eigentlich? Nachtrag, Korrektur, Ergänzung, Alternative? Die Sammler der biblischen Erzählungen wußten, was sie taten. Sie waren nicht daran interessiert, ein dickes Buch entstehen zu lassen. Das Neben- und Nacheinander hatte Sinn. Der erste Schöpfungsbericht ist zweifellos der jüngere. Warum der ältere an die zweite Stelle gerückt wurde, darüber läßt sich nachdenken.

Einstieg: Vergleich der beiden Schöpfungsberichte

Wir stellen in Gruppen die Hauptunterschiede der beiden Schöpfungsberichte (Gen 1,1–2,4a und 2,4b–25) fest und halten die Ergebnisse schriftlich zur Verfügung.

1. Schöpfungsbericht	*2. Schöpfungsbericht*
a) Der Mensch wird zuletzt geschaffen, die Welt, in der er wohnen wird, vor ihm.	a) Der Mensch wird zuerst geschaffen, danach die Welt, in der er leben wird.
b) Gott schafft den Menschen nach seinem Bilde bzw. als sein Abbild.	b) Gott macht den Menschen aus Erde, wie die Tiere auch, und haucht ihm den Lebensatem ein.
c) Gott erteilt den Auftrag, Nachkommen zu zeugen und die Erde sich untertan zu machen.	c) Gott erteilt den Auftrag, die Erde zu bewahren und zu bebauen.

Beide Schöpfungsberichte geben Perspektiven des Menschen wieder, so wie er sich und seinesgleichen erfährt: der Mensch als Herrscher – der Mensch als Bauer.
Frage ans Plenum: Gibt es noch andere Perspektiven? Wie erfahre ich mich a) individuell; b) als Glied meiner Gesellschaft, als Zeitgenosse?
Wichtig genommen ist der Mensch in beiden Berichten. Daß er einmal zuerst und einmal zuletzt geschaffen wird, macht keinen Unterschied. Wenn wir erzählen, stehen wir vor der Entscheidung, ob wir das Wichtigste zuerst oder zuletzt bringen wollen. Manchmal wird sie uns abgenommen. Wenn unsere Spannung so groß ist, daß wir sie loswerden müssen, beginnen wir mit dem Wichtigsten.
Unter diesem Aspekt überprüfen wir beide Schöpfungsberichte im Selbststudium, gehen den Fragen nach:
Welcher erscheint mir gefühlsbetonter, welcher sachlicher, welcher geordneter, welcher phantasievoller, welcher spricht mehr meinen Verstand, welcher mehr mein Gemüt an?
Wir geben die Antworten ins Plenum.

Drei Themen zur Wahl

Der zweite Schöpfungsbericht macht über den Menschen drei eigene Aussagen von Gewicht, die sich als Themen anbieten:
A. Es ist nicht gut, daß der Mensch allein bleibt.
B. Der Mensch ist aus Erde gemacht.
C. Der Mensch soll nicht wissen, was gut und was böse ist.

Thema A: Mann und Frau – Männer und Frauen

1. Weil es nicht gut ist, daß der Mensch (Mann) allein ist, (ver-)schafft Gott dem Mann eine Frau (und der Frau einen Mann?) Vom Füllen der Erde ist nicht die Rede, die Hauptaufgabe der Frau damit auch nicht, Kinder zu gebären. Sie soll das Alleinsein beenden und die Folgen abwenden, die das Alleinsein hat.
Frage: Wer war schon allein, wer ist es, und welche Auswirkungen hat dieses Alleinsein?

2. Wir dürfen das eine (Kinder gebären) nicht gegen das andere (Alleinsein abwenden) ausspielen. Sonst könnte das eine als das Nützlich-Notwendige, das andere als das Freude Bereitende, Schöne angesehen werden. Mancher, der Kinder zeugt,

erlebt Freude dabei (die Frau hoffentlich auch), und die Frau, die Langeweile zerstreuend frohmacht, wird auch schwanger. In getrennten, aus weiblichen und männlichen Teilnehmern bestehenden *Gruppen* führen wir Gespräche über das Verhältnis zum anderen Geschlecht und die Erwartungen, die sich jeweils damit verbinden. Wie verstehe ich mich selbst? Warum brauche ich einen Partner/eine Partnerin? Was will ich sein, was erwarte ich bzw. wünsche ich vom Partner/der Partnerin?

3. Wir befinden uns in einer Situation, in der Frauen ihr Selbstverständnis überprüfen, von Befreiung reden und Ansprüche stellen an eine von Männern beherrschte und geprägte Welt. Biblische Erkenntnisse spielen dabei eine große Rolle.
Zur Aufdeckung der Hintergründe und Zielsetzungen der Frauenbewegung steht eine zweiteilige *Ton-Bild-Reihe* zur Verfügung: »Wir Frauen verlassen Ägyptenland«, zu entleihen bei den Medienzentralen, mit Arbeitsmappe und drei Postern. (Die Arbeitsmappe ist zu beziehen beim Evang. Gemeindedienst, Abt. Gemeindeaufbau und -beratung, D-7000 Stuttgart 1, Gymnasiumstraße 36.)
Als Gehilfin des Mannes zur Erhaltung des Besitzes durch Nachkommenschaft (ein Unglück für sie, wenn sie nicht schwanger wurde), so wurde die Frau verstanden, immer bereit, ihm zu dienen, das Essen zu kochen, die Wäsche zu waschen, das Haus in Ordnung zu halten für den Augenblick seiner Rückkehr von den Frontbewährungen verschiedenster Art. Denn ein Mann ist ein Kämpfer, eine Frau seine Pflegerin.
Nach biblischem Verständnis ist ein Mensch nur ein halber. Er braucht den anderen, um ein ganzer zu werden. Und das geht nicht nur durch die Verrichtung häuslicher Dienste. Sie werden im zweiten Schöpfungsbericht nicht einmal erwähnt. Wenn das Verhältnis zwischen Mann und Frau nicht eine Erneuerung und Veränderung von Grund auf erfährt, werden es sehr bald mehr als 25% sein, die auf Heirat verzichten (Pressemeldungen Frühjahr 1985).
Damit das Gespräch schnell zur Sache kommt und an ihr bleibt, sollten *Frauen eingeladen* werden, die sich in der Frauenbewegung engagieren oder ihr nahestehen. Unter »treuen Gemeindegliedern« gibt es, Gott sei Dank, solche.

Thema B: Mensch und Erde

1. Weil der Mensch aus Erde (wörtlich Staub) gemacht ist, ergeht es ihm wie der Erde, sie zerbröckelt, wird weggeschwemmt, weggeweht. Er stirbt und wird nicht mehr gesehen, ist bald vergessen. Wir wissen darum, aber wir können dieses Wissen auch verdrängen und tun das mit Kraft, Beständigkeit und Erfolg.
Wirklich? Wir führen darüber ein offenes Gruppengespräch.

2. Irgendwo fand ich den Satz: »Um leben zu können, müssen wir sterben«, und Peter Noll reflektiert in seinem Buch »Diktate über Sterben und Tod« (Zürich 1984, S. 81–83) darüber, »welche Weisheit das Denken an den Tod vermittelt«.
Wer vergißt, daß er sterben muß, wird rücksichtslos, mörderisch, selbstmörderisch. Wer aber bedenkt, daß er sterben muß, daß er aus Erde ist, der kann ein guter Freund all dessen werden, was Gott geschaffen hat, wie ihn auch. Seit hundert Jahren benehmen sich die Menschen, angeleitet und verführt von den Industrienationen, miserabel. Statt zu bebauen und zu bewahren, rotten und beuten sie aus. Unter der Devise Wachstum beschleunigt und steigert sich dieser Prozeß von Jahrzehnt zu Jahrzehnt. Erschrecken lassen wir uns nicht. Warum auch, denn auf diese Weise und nur so geht es uns besser als jeder Generation zuvor.
Folgende *Filme* helfen, vor Augen zu bekommen, was geschieht: Novemberreise (51 Min.); Die Söhne der Erde (20 Min.); Lohnt es sich, zu überleben? (28 Min.).

3. Weltweit ist eine Bewegung entstanden, bei uns als »die Grünen« bekannt, die Aufmerksamkeit lenken will auf die Zerstörungen unserer Welt. Eine Forderung heißt, Ökologie vor Ökonomie. Sie will, daß der *oikos,* das Haus, das Gott geschaffen hat, unser Planet, bewohnbar bleibt, und sieht das, weil große Gefahr besteht, als Aufgabe unserer Generation an. Wir können uns nicht taub stellen, wenn wir den Schöpfungsbericht lesen.
Für das Gespräch sollten *Informierte und Engagierte eingeladen* werden mit dem Interesse, daß der Information und dem Gespräch Umdenken und Umkehr folgt. Jeder muß seinen Beitrag finden, den er leisten kann, um das Haus zu erhalten, in dem sich leben läßt. In einer Gruppe und mit ihr ist das leichter.

Thema C: Gut und Böse

Ein merkwürdiges Interesse Gottes, in dem Verbot ausgesprochen, nicht von dem Baum der Erkenntnis des Guten und Bösen zu essen. Kann man denn dem Menschen etwas Besseres wünschen, als daß er erkennt, was böse und was gut ist, damit er weiß, was er zu tun und was er zu lassen hat, wofür und wogegen er eintreten muß?
Frage: Wie bin ich bisher mit diesem Verbot umgegangen? Wollte ich wissen, was gut und was böse ist? War mir das interessant? Ist es mir heute interessant? Wovon lasse ich mich bei meinen Entscheidungen leiten?
Eine sehr ernste und auch schwierige Frage! Sie braucht Zeit und Vertrauen. Wir versuchen, in einem *Gespräch zu zweit* mit einer Person unseres Vertrauens eine Antwort zu finden.

2. Die Frage, was gut und was böse ist, stellt sich in vieler Hinsicht, sie stellt sich täglich, bei allem, was ich erfahre und tue. Das verführt natürlich zur Gleichgültigkeit, zur Anpassung an das, was alle tun. Aber das kann wohl nicht Gottes Absicht gewesen sein, als er das Verbot aussprach.
Frage: Welche aber dann? Wollte er uns schonen, weil er weiß, daß wir zwischen Gut und Böse zerrieben werden, wie von Mühlsteinen? Nichtwissen ist Unschuld, und nur mit ihr und in ihr läßt sich leben?
Oder wollte er, daß wir die Erkenntnis von Gut und Böse eben nicht durch den Genuß einer Frucht, auch nicht durch den Genuß von Lesefrüchten, also allein, ohne ihn, sondern nur mit ihm, im Gespräch mit ihm gewinnen? Wie dann?
Wir stellen uns diesen Fragen in *Gruppengesprächen* und berichten anschließend darüber kurz im Plenum.

3. Im Hinblick auf Gut und Böse hat jedes Individuum und jede Zeit Prioritäten. Wenn wir schon scheitern, da wir allzumal Sünder sind, heißt das ja nicht, daß wir in allem scheitern.
In *Zweiergesprächen* gehen wir der Frage nach: Wo begegne ich dem Bösen? Wie begegnet es mir? Was ist böse an mir?
Peter Noll (s. unter B1) regt an, daß in einem Kreis sich Vertrauender jeder einmal sagen möge, wann und wo er »wie ein Schwein gehandelt hat«, und fügt hinzu, daß jeder da etwas zu sagen hätte. Die Frage ist, ob es einer tun würde. Warten wir ab, was geschieht. Die Gespräche in den Zweiergruppen bleiben vertraulich.

Die erste Sündenerzählung: Untreue gegenüber Gott

Genesis 3,1–24

In der ersten Sündenerzählung des Jahwisten Gen 3,1–24 spielt die Schlange eine wesentliche Rolle. Sie ist in vielen Religionen, auch in solchen des Alten Orients, Symbol des Lebens und der Weisheit. In Ägypten gehört sie vor allem zur Fruchtbarkeitsgöttin Renenutet und versinnbildet »Glück und Segen« (vgl. M. Görg, Sünde, 50f). In der kanaanitischen Religion ist sie Symbol der Muttergöttin Anat und damit ebenfalls Lebens- und Fruchtbarkeitssymbol, dann auch Symbol des Fruchtbarkeitsgottes Baal. Sogar für Jahwe wurde – wenigstens zeitweise – die Schlange als Symbol verwendet (vgl. Num 21,8f), bis der König Hiskija von Juda in einer Kultreform dagegen vorging, weil sie inzwischen als Götzenbild verehrt wurde. Da der biblische Erzähler von Gen 3,1–24 in Palästina, einem Teil Kanaans, schreibt, liegt es für die Auslegung nahe, die Vorstellungen der Umwelt zu berücksichtigen. Für Israel war vor allem die Religion Kanaans mit ihrem Fruchtbarkeitskult eine große Versuchung. Es war immer wieder geneigt, sich der Gaben der Fruchtbarkeit bei den kanaanitischen Göttern zu versichern (vgl. 1 Kön 11,5; 14,23f; der Kampf Elijas gegen Baal in 1 Kön 18). Es war immer wieder in der Versuchung, der »Schlange« Kanaans (und Ägyptens) nachzugeben und von ihr Lebensförderung gegen Jahwe zu erwarten. – Die Schlange von Gen 3 kann auf keinen Fall mit dem Teufel identifiziert werden.

Gen 3,1–24 ist eine klar aufgebaute Erzählung von einer Sünde und ihrer Bestrafung:

a) Die Sünde und ihre Folgen: 3,1–8
b) Die Bestrafung des Vergehens: 3,9–24
   Verhör 3,9–13; Urteil 3,14–19; Strafvollzug 3,(20f)22–24

Die Sünde (3,1–6)

Im Hintergrund steht einerseits das Märchenmotiv von der sprechenden Schlange, andererseits aber vor allem die Schlange als Symbol fremder Religionen, besonders der kanaanitischen Fruchtbarkeitsreligion, vielleicht auch der ägyptischen Muttergottheit. Allerdings nimmt der Erzähler der Schlange schon am Anfang ihre Göttlichkeit, wenn er sie zu den Tieren rechnet, »die Jahwe Gott gemacht hatte« (3,1).

Der Erzähler schildert psychologisch geschickt aus guter Beobachtung, wie Sünde entsteht: Irgendwann oder allmählich entsteht der Zweifel, ob Gott es wirklich so gut mit dem Menschen meint, ob von ihm allein das Leben, das Glück des Menschen, das, was für den Menschen »köstlich« ist, kommt. Damit hat sich Mißtrauen gegen Gott im Menschen geregt. Die Frage nach dem Verbot Gottes (V. 1b) kommt zwar in der Erzählung von außen, entsteht aber oft im Menschen selbst. Die Frau stellt zunächst das Gebot Gottes, von der Schlange verschärfend zitiert, richtig. Sie verschärft dabei aber ihrerseits das göttliche Gebot (V. 2f). Dadurch will sie sich offenbar gegen die entstehende Versuchung schützen. Zugleich ist etwas Entscheidendes geschehen. Die Frau ist nun erst auf das göttliche Verbot aufmerksam geworden. Das Gewicht der Aufmerksamkeit liegt nun nicht mehr auf Gott, der für den Menschen sorgt (vgl. Gen 2,8.9a), sondern auf einem Verbot dieses Gottes. So kann man weiter fragen: Ist das eigentlich ein guter Gott? Er hat ja ein Verbot aufgestellt. Dazu droht er noch mit dem Verlust des Lebens, wenn man es übertritt (V. 3b). Dies kann doch eigentlich kein vollständig guter Gott sein, einer der das Leben nur fördert; denn er verbietet und droht und schränkt so das Leben in seiner Fülle ein. Der Blick auf das anscheinend einschränkende Verbot überlagert die Erfahrung eines gütigen, fürsorglichen Gottes. So ist das Angebot der Schlange in V. 4f folgerichtig. Wer sich von diesem Gott löst und selbst über »Gut und Böse« bestimmt (vgl. zu 2,17), »wird wie Gott sein« (V. 5b), weil er dann sein eigener Herr ist. Die Versuchung zu diesem Verhalten wird in 3,1–6 bildlich erzählt: Die Schlange als Symbol des Lebens außerhalb des Jahweglaubens wird zur Versuchung für Israel. Israel ist in der Versuchung, zu glauben: das Eingehen auf den Rat der Schlange (Religionen der Umwelt, bes. Kanaans), sich außerhalb Jahwes das Leben zu holen, bedeute keinesfalls einen Schaden. Im Gegenteil: es scheint »köstlich«, lebensbringend zu sein. Doch dieses Bestreben führt nicht zum Glück, sondern ist abträglich. Davon erzählt 3,7f.

Da erkannten sie, daß sie nackt waren (3,7f)

Das Streben des Menschen, seine erste Urbeziehung zu Gott aufzugeben, macht den Menschen nicht groß »wie Gott«. Er muß vielmehr seine Nacktheit erkennen. Im Alten Testament ist die Nacktheit an vielen Stellen Ausdruck für Hilflosigkeit, etwas Demütigendes (Gen 9,21; 2 Sam 6,20). Die Loslösung von Gott, dem Lebensförderer und Lebensspender, macht den Menschen hilflos. Der Jahwist verwendet für diese Aussage ein Wortspiel:

Durch die Lösung von Gott will der Mensch *ᶜārūm* (weise) werden. In Wirklichkeit wird er *ᶜerōm* (nackt, d. h. hilflos). Auch das Verhältnis der Menschen zueinander und zu Gott zerbricht durch die Sünde. Furcht vor Gott und Scham voreinander sind anschauliche Bilder für das durch die Sünde entstandene Unheil. Anstatt sich nun in der Sünde von Gott helfen zu lassen, helfen sich die Menschen selbst – und offenbaren dadurch noch mehr ihre Hilflosigkeit (V. 7b). Anstatt sich zu stellen und die Schuld zuzugeben, meiden sie den, dem sie verantwortlich sind; der Sünder kann die Gemeinschaft mit Gott nicht ertragen und versucht, ihm aus dem Weg zu gehen, sehr anschaulich durch das stark menschliche Gottesbild in 3,8 dargestellt.
3,9–24 weist die Form eines Gerichtsverfahrens mit Verhör der Schuldiggewordenen (V. 9–13), Urteilsspruch (V. 14–19) und Strafvollzug (V. 22–24) auf, allerdings vor dem Strafvollzug auch noch mit einem Wort der Gnade (»Bewahrungswort«, V. 20f).

Das Verhör (3,9–13)

Das Verhör der in Sünde gefallenen Menschen ist als Dialog zwischen Jahwe Gott und den Menschen gestaltet. In Dialogen bringt der Jahwist immer wesentliche theologische Aussagen. Mit der Erkundungsfrage »Wo bist du?« wird das Verhör eröffnet und der Sünder vor Jahwe zitiert. Sie zeigt nicht Gottes Unkenntnis, sondern soll den Sünder zum Reden und zum Eingeständnis der Schuld vor Gott bringen; der Angesprochene wird aufgefordert, zu seiner Verantwortung zu stehen.

Es fällt auf, daß die Schlange nicht in das Verhör einbezogen wird. Damit soll wohl gesagt werden: Der Mensch trägt selbst die Verantwortung, hat Schuld, wenn er sündigt, und deshalb muß er auch selbst seine Schuld bekennen.

V. 10 knüpft an die falsche Reaktion des Menschen nach der Sünde in V. 7 an. Anstatt die Schuld zu bekennen, »bekennt« der Mensch seine Angst vor Gott, sein schlechtes Gewissen. Die weiteren Fragen Gottes in V. 11 haben den Sinn, Hilfestellung zu sein, den Menschen doch noch zum Bekenntnis zu führen. Angesichts seiner Schuld soll ihm der Grund seiner Ohnmacht (»Nacktheit«), die Aufkündigung der Urbeziehung zu Gott, aufgehen. Doch statt eines Schuldbekenntnisses schiebt er die Schuld von sich weg auf einen anderen: der Mann auf die Frau, d. h. auf den Mitmenschen, letztlich sogar auf Gott; denn Jahwe

Gott hat dem Mann die Frau beigesellt, die der Grund zur Sünde gewesen sei. Mit der Beschuldigungsformel »Was hast du getan?« soll der Täter, die Frau, auf das Absonderliche, Rechtswidrige des Tuns aufmerksam gemacht werden. Die erwartete Antwort wäre: »Ich habe gesündigt« (vgl. Jos 7,19f). Statt dessen schiebt die Frau die Schuld erneut weiter. Sie bekennt sich zwar zur Tat, aber nicht zu deren Schuldhaftigkeit.

Das Urteil (3,14–19)

Die Strafsprüche richten sich in umgekehrter Reihenfolge wie die Fragen im Verhör an die Schlange (3,14f), die Frau (3,16) und den Mann (3,17–19). Das Wort an die Schlange ist einerseits vor dem Hintergrund der Beobachtungen des palästinensischen Bauern, andererseits der außerisraelitischen Fruchtbarkeitskulte zu sehen. Insgesamt soll die Schlange als minderwertig dargestellt werden, und damit auch das, was durch sie symbolisiert wird. Beobachtungen an der natürlichen Schlange zeigen: Sie wird unter allen Tieren verachtet (V. 14) und von den Menschen verfolgt (V. 15). Sie frißt allem Anschein nach Staub; dies erinnert an gedemütigte Feinde (vgl. Jes 49,23; Mi 7,17). Sie kriecht auf dem Bauch, ein Zeichen ihrer Ohnmacht, Niedrigkeit und Nichtigkeit (vgl. auch Lev 11,42). Das Fluchwort Jahwes über die Schlange beschreibt ihre Ungöttlichkeit und Nichtigkeit und damit den Unwert der außerisraelitischen Religionen, die Israel zur Versuchung wurden. Im Hintergrund kann die verwunderte Frage stehen: Wie kann man nur Jahwe untreu werden und sich von außerhalb Jahwes Leben erwarten, von einem Kult, dessen Symbol die »nichtige«, auf dem Bauch kriechende, Staub fressende Schlange ist? Etwas außerhalb Jahwes kann doch kein Leben geben! Dieses Suchen nach Lebensförderung bei der Schlange als Symbol des Lebens außerhalb der Jahwereligion wird beispielhaft für jedes Streben des Menschen erzählt, ohne Jahwe Lebensförderung zu erstreben. Der Mensch liefert sich dabei nur nutzlosen, niederen, nichtigen Mächten aus.

Der zweite Urteilsspruch Gottes richtet sich an die Frau, der dritte an den Mann. Der Mensch wird trotz seiner Abkehr von Gott nicht vernichtet, obwohl er es verdienen würde. Aber das Leben ohne Jahwe ist minderwertig. Der Erzähler beobachtet, wie die gegenwärtige Welt des Menschen voller Not ist. Er nennt schmerzvolle Geburten, die Herrschaft des Mannes über die Frau, der sich die Frau nicht entziehen kann (V. 16); der Lebensunterhalt ist vom Mann nur unter Anstrengungen zu gewinnen; dies dauert, solange er lebt (V. 17–19). Diese Nöte sind Hinweise auf das durch die Sünde zerstörte Verhältnis zwischen Gott und Mensch und zwischen Mensch und Mitmensch. Nicht die Arbeit an sich oder die zahlreichen Geburten sind Strafe. Die Mühseligkeit der Arbeit und die Geburtsschmerzen sind vielmehr Sinnbilder für die Unordnung, das Unheil in der Welt aufgrund der menschlichen Schuld; die Unterdrückung der Frau durch den Mann ist Zeichen für eine heillose Welt. Daran ist nicht Gott schuld, sondern der Mensch. Dieses Leben dauert, »bis der Mensch zurückkehrt zum Ackerboden«, d.h. bis er stirbt.

Adam nannte seine Frau Eva . . . Gott machte Röcke (3,20f)

Bevor der Erzähler den Strafvollzug schildert, bringt er drei tröstliche Bemerkungen. Nach der Aussage der Fluchsprüche wäre die Lage des Sünders hoffnungslos und bitter. Trotz allem bleibt Gott um den Menschen besorgt. Dies wird in 3,15.20.21 ausgesprochen. Gen 3,15 wird der »Schlange und ihrem Nachwuchs« der Kampf des Menschen angesagt. Zunächst ist dabei an Israel und die Religionen der Nachbarvölker zu denken, deren Sinnbild die Schlange ist. Die Nachkommenschaft der Frau ist Abraham und seine Nachkommenschaft (Israel). Israel ist dazu bestimmt, anstatt »der Versuchung der Schlange« nachzugeben, »gegen die Schlange vorzugehen«, d.h. die Versuchung zur Untreue gegen Jahwe zu bekämpfen. Dieser Kampf wird jedoch nicht widerstandslos zum Erfolg führen.

In Gen 3,20 beschreibt Adam das Wesen seiner Frau als »Eva«, d.h. Leben. »Leben« ist Ehrenbezeichnung der Frau als Mutter; sie darf Mutter aller Lebendigen sein. Auch wenn das Verhältnis zu Gott gestört ist – versinnbildet in den schmerzvollen Geburten –, bleibt die Fruchtbarkeit der Frau als Gabe Jahwes erhalten.

3,21 schildert Gott als um den Menschen besorgten »Schneider«. Gott läßt den Menschen nicht in seiner Hilflosigkeit, sondern sorgt sich trotz der Sünde um ihn.

Der Strafvollzug (3,22–24)

Nicht nur durch Urteilssprüche (3,14–19), sondern auch durch Handlungen Gottes bringt die Erzählung zum Ausdruck, was die Folge der Sünde ist: nämlich die Auflösung der Gemeinschaft

zwischen Gott und Mensch. Entsprechend dem alttestamentlichen Denken wirkt sich die Strafe dort aus, wo der Mensch gesündigt hat – in diesem Fall also im Verlust der göttlichen Nähe. 3,22 klingt etwas merkwürdig, als ob Gott befürchten würde, daß ihm im Menschen doch noch ein Konkurrent entsteht, wenn dieser ewig leben würde. Doch soll der Satz wohl so verstanden werden: Durch den Tod, der dem Menschen bestimmt ist, soll der Mensch erfahren, daß er nicht gottgleich ist. Ewiges Leben ist nur Gott eigen.
Der Sünder hat den Anspruch auf die Nähe Gottes verloren, aber auch den Anspruch auf seine Fürsorge und die Lebensgemeinschaft mit ihm. Die Vertreibung aus dem Garten ist Bild für den Verlust der Nähe Gottes. Freilich, die beiden Grundbeziehungen Gott–Mensch, Mensch–Ackerboden bleiben bestehen, die erste als verlorene Nähe, die zweite als mit Mühsal beladene Beziehung. Die Wächterfiguren am Garten – Kerubim sind Mischwesen, halb Mensch, halb Tier; das lodernde Flammenschwert ist vielleicht der Blitz – deuten an: Der Mensch kann von sich aus die Lebensgemeinschaft mit Gott nicht wiederherstellen.

Gen 2 und 3 sagen Typisches vom Menschen aus. In Bildern und mit Wortspielen wird gezeigt, wie es um den Menschen und seine Welt stehen könnte (2,4b–25) und wie es tatsächlich um sie steht (Gen 3). Gen 2 und 3 sind nicht in zeitlicher Aufeinanderfolge zu sehen, als ob der Mensch zunächst im Garten gewesen wäre und dieses Glück eines Tages durch eigene Schuld verloren hätte. Gen 2 zeigt vielmehr die von Gott gemeinten Lebensmöglichkeiten des Menschen: ein Leben, empfangen von Gott, gelebt im Vertrauen auf den guten Gott und dadurch gut und glücklich. Zwischen Gen 2 und 3 ist jedoch ein »Aber« zu denken. Gen 3 zeigt, wie »aber« der Mensch zum Sünder aufgrund eigener Schuld wird und dies Folgen für ihn hat.

Praxis

Vorschlag A: Früchte und Flüche

Der Gesprächsleiter gibt der Gruppe folgenden Impuls:
»Die Paradieseserzählung spricht von einer immer aktuellen Erfahrung. Sie kennt menschliches Empfinden von Verlangen, Hoffnung, Angst, schlechtem Gewissen und Leid. So lassen sich die Bilder der Erzählung mit Aussagen aus Ihrem Erfahrungsbereich füllen.«

1. Zunächst wird nun der Text gelesen. Anschließend bittet der Leiter die Teilnehmer, drei Untergruppen zu bilden (bei einer kleinen Gruppe geht es auch in Form von Partnerarbeit). Jede dieser Teilgruppen soll nun einen Beitrag zu einer Textcollage erarbeiten.
Grundlage ist eine großformatige Skizze des Paradiesbaumes, um dessen Stamm sich die Schlange ringelt. Die Früchte werden durch relativ große Kreise bezeichnet. Auch die Schlange ist als breites Band anzulegen, damit die sichtbaren Körperabschnitte Raum für Eintragungen bieten. Vom Baum weg nach rechts weisen Pfeile (der Schaft als breites Band), die die Vertreibung aus dem Paradies signalisieren.
Die Einfälle und Aussagen können entweder aus Zeitschriften und Tageszeitungen ausgeschnitten und aufgeklebt oder direkt in das vorgezeichnete Bild des Baumes geschrieben werden.

Gruppe 1: Sie sucht nach heutigen »verbotenen Früchten«.

Gruppe 2: Hier soll in Bildern, Schlagzeilen oder Kurztexten dargestellt werden, was heute als »Schlange«, Versuchung, Herausforderung empfunden wird.

Gruppe 3: Die Flüche in Gen 3 (»auf dem Bauch sollst du kriechen«, »er soll dein Herr sein«, »unter Schmerzen Kinder gebären« . . .) sollen aktualisiert werden. In die Pfeile, die aus dem Paradies herausweisen, sollen die Teilnehmer Gedanken und Erfahrungen eintragen, die »Flüche ihres Lebens« zum Ausdruck bringen.

2. Nun wird im Plenum die Text-Bild-Collage betrachtet und, sofern nötig, in ihren Aussagen verdeutlicht.

3. Jeweils zwei Teilnehmer versuchen anhand der Collage, den Text Gen 3 zu »redigieren«. Bilder und zentrale Aussagen sollen durch entsprechende aktuelle Eindrücke ersetzt werden. So entsteht ein »transparenter« Text, in dem wirklich von Früchten, Schlangen und Flüchen unserer Tage gesprochen wird.

4. Ein bis zwei Partnergruppen lesen ihren Text »Gen 3 aktuell« vor. Es kann sich ein Gespräch im Plenum anschließen.

Frageimpulse:
- Haben wir für unsere Leid- und Begrenztheitserfahrungen eine Erklärung?
- Kann die entstandene Collage eine Deutung sein?
- Bleiben bei unserem Nachdenken über den »Fluch des Lebens« noch positive Perspektiven, oder steht am Ende die Resignation? Muß sich der Mensch eben mit seinem Verfluchtsein abfinden?

Antwortimpulse:

- Medizinische und psychologische Begründungen für Leid, menschliche Bosheit usw. bleiben ungenügend: Was hilft es, zu erklären, daß jemand aufgrund seines sozialen Milieus »so« geworden ist? Formulierungen wie »der kann nicht anders« bieten keine Möglichkeit zur Veränderung.
- Die Frage nach einem tieferen Grund für negative Erfahrungen im Wesen des Menschen selbst verbindet den Gescheiterten mit dem Gesunden. Sie hilft dabei, gemeinsam über das angelegte Schöne und Gute im Menschen nachzudenken.

Vorschlag B: Gerichtsverhandlung

Adam, Eva, die Schlange und Gott besitzen traditionellerweise feste Rollen. In einer gespielten Gerichtsverhandlung können die Positionen der in Gen 3 beteiligten Akteure einmal neu durchdacht und dargestellt werden.

Die Spielsituation: Gott begegnet auf seinem Abendspaziergang Adam und Eva, die mit der Schlange plaudernd unter dem Baum der Erkenntnis sitzen. Nachdem Adam Gott ehrlicherweise darüber informiert hat, was geschehen ist, steht der Schöpfer vor einem Problem: Die Menschen haben nun die Erkenntnis von Gut und Böse, aber sie erkennen ihre Schuld nicht an. Im Gegenteil: Sie werfen Gott vor, er selbst habe den verbotenen Baum nur aufgestellt, um einen Vorwand zu haben, den Menschen aus dem Paradies zu werfen.

Als Verteidiger des Menschen und der Schlange und als Anwalt Gottes können sich auch einige »Engel« an der Verhandlung beteiligen.

Nach Abfassung des Urteils erscheint es sinnvoll, den Text Gen 3 nochmals zu lesen.

Vorschlag C: Kontrasttext

Einst schuf sich der Mensch einen Gott nach seinem Bild. Als Mann schuf er ihn, als Bild seines besten Teils. Wie er sollte »Gott« abhängig sein von Raum und Zeit. Er sollte auf abendlichen Spaziergängen staunen darüber, was der Mensch geschaffen hatte. »Gott« war auch böse genug, daß der Mensch ihm alles Unbequeme in die Schuhe schieben konnte, wenn kein Schuldiger mehr auffindbar war. Das war äußerst praktisch und löste viele Fragen. Woher kommen die Grenzen des Menschen, der Tod, die Begierde, die Herrschsucht? Böse Gabe des gut geschaffenen Gottes! Ein besonders kluger Mensch erfand eines Tages das Märchen vom Baum der Erkenntnis. Es war so überzeugend, daß der Mensch seither wirklich an alles glaubte: an seine Arbeit und an die Schmerzen trotz der sanften Geburt, an ein verlorenes Paradies und an »Gott«, der ihn wenigstens am Leben gelassen hatte.

- Vergleichen Sie die Aussagen und Empfindungen über »Gott« in dem Kontrasttext mit dem Gottesbild in Gen 3! Welche Aussagen über Gott möchten Sie übernehmen?
- Alle Aussagen über Gott sind geprägt durch Erfahrungen, Enttäuschungen, Hoffnungen, Grenzen. Versuchen Sie, zu erkennen, welche Erfahrungen, Nöte usw. hinter verschiedenen Gottesbildern stehen. Markante Texte sind Gen 3, Ps 139 oder 1 Tim 6,14–16.

Die zweite Sündenerzählung: Der Brudermord

Genesis 4,1–16

Der jahwistische Erzähler hat in Gen 4,16 vielleicht eine alte Erzählung aufgegriffen, die der Keniterstamm, der zwischen 1200 und 600 v. Chr. südlich Palästinas lebte und wie Israel Jahwe verehrte, von seinem Stammvater erzählt hat.

Er hat sie zu einer zweiten Sündenerzählung gestaltet und formal mit der ersten Sündenerzählung Gen 3 verknüpft. Er versteht die Kain-Erzählung nicht mehr als Geschichte eines Stammes, sondern menschheitsgeschichtlich. Es geht dabei nicht um ein Ereignis, das irgendwann einmal in der frühen Menschheitsgeschichte sich ereignet hat, »sondern um das, was gilt, seit und solange es Menschen gibt und geben wird: was Mensch-Sein zutiefst ausmacht und bestimmt« (E. Zenger, Kain und Abel, 10). Es werden grundlegende menschliche Verhaltensweisen, Wesenszüge im Menschen dargestellt. Unter diesem Blickpunkt sind Kain und Abel keine historischen Persönlichkeiten der (Welt-)Geschichte, aber sie sind doch geschichtlich, insofern in jedem Menschen Kain und Abel, vor allem Kain, als Typen des Menschen existieren.

Wie Gen 3, so hat auch Gen 4,1–16 einen strengen Aufbau, der mit dem von Gen 2 und 3 zu vergleichen ist:

a) Exposition: Geburt der Söhne und ihre Berufe 4,1–2 (vgl. 2,4a–25); 4,3.4a
b) Die Sünde und ihre Ursache: 4,(4b–7) 8
c) Die Bestrafung des Vergehens: 4,9–16
   Verhör 4,9–10; Urteil 4,11(12–15); Straf»vollzug« 4,16 (vgl. V. 14)

Adam erkannte Eva, seine Frau; sie wurde schwanger . . . (4,1–2)

Die Exposition 4,1–2 entspricht Gen 2,4b–25 als Exposition für Gen 3. Das eheliche Zusammensein von Mann und Frau, von Adam und Eva, wird verhüllend durch den Begriff »erkennen« ausgedrückt. Als Umschreibung des ehelichen Zusammenseins meint es nicht nur das körperliche Zusammenkommen von Mann und Frau, sondern ein »Einander-erfahren«, ein »Einander-innewerden und -verstehen«. Die Frau begrüßt Kain, ihren Erstgeborenen, mit einen Jubelruf (vgl. 2,23), dessen Übersetzung nicht zufriedenstellend möglich ist: »Ich habe einen Mann vom Herrn erworben« (Einheitsübersetzung). Im Hebräischen liegt beim Verbum »erwerben« (»erschaffen«) *qanah* ein Wortspiel mit dem Namen Kain vor. In Kain erfährt die Frau »als Mutter aller Lebenden« (3,20) die Kraft ihrer Fruchtbarkeit. Kain ist eine Gabe Jahwes; er ist der Erstgeborene, also der Privilegierte. Der zweite Sohn ist Abel (*Häbäl*). Sein Name erinnert an das hebräische Wort für »Hauch, Nichtigkeit, Vergänglichkeit« (vgl. Koh 1,2 u. ö.). In seinem Namen ist sein Schicksal, sein Wesen ausgesagt: Er ist nicht der Erstgeborene, sondern sogar der Nichtige; die Beifügung »sein (d. h. Kains) Bruder« spielt in der ganzen Erzählung eine wichtige Rolle. Mit den beiden Berufen der Brüder, Schafhirte und Ackerbauer, sind zwei Grundberufe einer ganzen Menschheitsepoche gemeint; sie sind für Palästina charakteristisch.

Nach einiger Zeit brachte Kain dem Herrn ein Opfer . . . (4,3–5a)

Beide Brüder werden als fromme Menschen geschildert. Kain ist keineswegs der Bösewicht, als der er später, in der frühjüdischen Tradition und im Neuen Testament (vgl. 1 Joh 3,12; Hebr 11,4; Mt 23,35), gilt. Daß sein Opfer minderwertig gewesen sei, sagt der Text nicht. Bei beiden dürfte an ein Erstlingsopfer gedacht sein, wenn dies auch nur beim Opfer Abels ausdrücklich gesagt wird: das Erste und Beste wird Gott als dem eigentlichen Geber aller Gaben geopfert. Sie opfern jeweils von den Erträgen ihres Berufes; Kain von der Ernte, Abel »von ihrem Fett«, d. h. von den fettesten Tieren; denn das Fett bzw. die fetten Tiere galten als besonders wertvoll. Mit dem Opfer will der Opfernde das Wohlwollen Gottes, den Segen für die künftige Arbeit und ihren Ertrag erbitten.
Doch obwohl beide Brüder in gleicher Weise opfern, reagiert Jahwe unterschiedlich. Das Opfer Abels nimmt er an, das Kains nicht. Nach alttestamentlichem Denken zeigt sich das Wohlgefallen Gottes für den Menschen am Gelingen seines Werkes. Abel, der Nichtige, der Jüngere, hat Erfolg in seiner Arbeit; sie ist gesegnet. Kain dagegen erlebt Mißerfolg; seine Arbeit auf dem Acker zeigt keinen Segen. Die Erzählung macht nicht deutlich, daß Abel den Segen mehr verdient hätte als Kain. Annahme und Ablehnung der Opfer werden einfach festgestellt. Gott ist frei: Er kann den einen erhören, den anderen nicht (Ex 33,19). Geschieht dies, dann bedeutet dies nicht, der andere sei ein Sünder. Es käme darauf an, die unterschiedliche Reaktion Gottes im brüderlichen Zusammenleben zu akzeptieren.

Da überlief es Kain ganz heiß . . . (4,5b–7)

Die Reaktion Kains ist menschlich verständlich. Er fühlt sich benachteiligt und reagiert dementsprechend (V. 5b). Ähnlich wie in Gen 3 zeigt sich auch hier der Jahwist als guter psychologischer Beobachter. Kain kann es nicht ertragen, daß er – in einem Einzelfall – benachteiligt, sein Bruder aber bevorzugt wird. Er wird leidenschaftlich zornig auf Gott, wendet sich von Gott ab, weil er sich von Gott nicht angenommen erlebt. Sein Zorn wird sichtbar: »sein Antlitz senkte sich«, anstatt daß er weiter »Gottes Antlitz gesucht hätte«; vielleicht spielt auch Neid auf den Bruder herein. Abel ist zum Rivalen Kains geworden.

Wie der Mensch richtig reagieren sollte, stellt der Erzähler im Gotteswort 4,6f dar. Jahwe weist auf die verkehrte und gefährliche Reaktion Kains hin. Kain soll anscheinend gewarnt werden. Damit wird verdeutlicht: Wenn es zur Sünde kommt, geschieht dies nicht naturnotwendig.

V. 7 ist im hebräischen Text fast nur stichwortartig formuliert: »Ist es nicht so: Wenn du gut bist: Erhebung; und wenn du nicht gut bist: an der Tür (ist) die Sünde ein Lauernder.« Wenn der Mensch also sonst in Ordnung ist, dann kann er auch einmal eine Benachteiligung durch Gott, einen Mißerfolg, ertragen. Er kann trotzdem gelassen zu Gott aufblicken. Allerdings steckt in der Erfahrung, benachteiligt zu werden, die Gefahr zur Sünde, und zwar gerade gegen den, den man für bevorzugt hält.

Der Schluß von V. 7 in der Einheitsübersetzung ist mehr eine Deutung als eine wörtliche Übersetzung. Die Sünde wird – obwohl im Hebräischen wie im Deutschen ein Femininum – in maskuliner Form gebraucht: als »Lauernder« (hebr. *robez;* EÜ »Dämon«, vielleicht weil im Hintergrund an den mesopotamischen Dämon *rabizum* gedacht ist, der dem Menschen auflauert). Die Sünde wird damit nicht personifiziert, wohl aber mit einem Dämon verglichen. Sie wird gewissermaßen aus dem Menschen herausgenommen und ihm als Objekt gegenübergestellt, das das Verlangen des Menschen weckt, das er aber auch beherrschen kann (V. 7c). Damit wird deutlich gemacht: Die Sünde ist nicht etwas für den Menschen Naturnotwendiges. Der Mensch ist selbst dafür verantwortlich. Die Verantwortung wird in der Aufforderung angesprochen: »Du aber herrsche über ihn« (vgl. auch V. 7). Kain könnte seinen Zorn gegenüber Gott und den Neid auf den Bruder unter Kontrolle bringen. Läßt er sich aber bezwingen, trägt er die volle Verantwortung dafür.

Der Brudermord (4,8)

Der Satz »Gehen wir aufs Feld« fehlt im hebräischen Text, wird jedoch entsprechend den alten Übersetzungen (Septuaginta, Syriaca, vgl. Vulgata) ergänzt. Das Vergehen Kains wird nur kurz geschildert: Kain greift seinen Bruder Abel an und erschlägt ihn. Es werden weder psychologische Erwägungen angestellt, noch wird ein Kampf geschildert. Doch wird das Grauenvolle der Tat dadurch zum Ausdruck gebracht, daß Abel zweimal »sein Bruder« genannt wird. Nicht irgendein Fremder oder ein Feind wird von Kain getötet, sondern sein Bruder, sein Mitmensch.

Ein Gewaltverbrechen auf freiem Feld galt in Israel als besonders verabscheuungswürdig, weil keine Zeugen da waren und damit ein Gerichtsverfahren unmöglich war. Ein solcher Gewalttäter stand deshalb in besonderer Weise unter dem Fluch Gottes (vgl. Dtn 22,25.27). Eine solche Tat kann Gott nicht einfach hinnehmen. Im Gegenteil, er ist geradezu zum Eingreifen verpflichtet.

Wo ist dein Bruder Abel? (4,9–10)

Wie in Gen 3,9 wird das Verhör Kains durch Gott mit einer »Wo-Frage« eröffnet. Die einleitende Frage soll den Schuldigen zum Reden bringen; er soll sich vor Gott verantworten. Auffallenderweise fragt Gott nicht: »Wo bist du?«, sondern »Wo ist dein Bruder?« Der Schuldige wird damit schon auf seine Schuld hingewiesen, die er am Bruder begangen hat. Es ist eine »soziale Frage«, weil Kain das Bruderverhältnis zerstört hat. Kain reagiert allerdings nicht so, wie man es von ihm erwarten müßte. Er lehnt seine soziale Verantwortung ab und bekennt sich nicht zu seiner Schuld. Da er seine Schuld nicht – wie die Menschen in Gen 3 – auf einen anderen schieben kann, ist seine Antwort (V. 9b) eine Lüge und zugleich ein ironischer Einwand. Er spielt auf den Hirtenberuf seines getöteten Bruders an und fragt nach seiner eigenen Hirtenaufgabe an diesem. Der Bruder ist ihm gleichgültig. Vor Gott weist er jede Schuld, ja sogar die Tat selbst von sich. Die Menschen im Garten bekennen wenigstens noch ihr Tun (vgl. 3,12f), wenn sie auch die Schuld abschieben. Insofern liegt eine gewisse Verschärfung gegenüber Gen 3 vor. Allgemein wird dargestellt: Auch so – wie Kain – kann der Sünder nach einem Vergehen reagieren.

Nachdem Kain seine Tat geleugnet hat, wird er direkt mit der sog. Beschuldigungsformel »Was hast du getan?« auf die Schuldhaftigkeit seines Tuns aufmerksam gemacht (V. 10). V. 10b nennt indirekt die Untat Kains: den Mord an Abel. Das Blut ist im Alten Testament der Träger des Lebens. Das Leben und damit auch das Blut gehören Gott. Wo gemordet wird, greift der Mensch in die Besitzrechte Gottes ein. Der Gemordete hat Gott selbst auf seiner Seite. In 4,10 wird das Blut des ermordeten Abel personifiziert: es schreit zu Gott. Dieses »Schreien« ist ein Fachausdruck der Rechtssprache. Jeder, der in akute Not geraten war, konnte den Schrei ausstoßen und verpflichtete damit den Hörer zur sofortigen Hilfe. Da Abel ohne Zeugen stirbt und Gott auch der Schützer und Eigentümer des Lebens ist, wird Gott selbst zu sofortiger Hilfe aufgerufen. So erhebt Gott selbst die Anklage gegen den Mörder Kain. Die Sünde gegen den Mitmenschen ist auch Sünde gegen Gott. Religion und Ethik gehören zusammen.

Die Strafe (4,11f)

Schärfer als in Gen 3 fällt in Gen 4,1–16 das Urteil gegen den Sünder aus. Der Sünder selbst, der Brudermörder Kain, verfällt der Verfluchung. Das Urteil Jahwes trifft aber auch den Ackerboden, den Kain bisher bebaut hat; denn ihn hat er durch den Mord entweiht. Durch den Mord ist das gesamte Leben Kains zerstört. So wird einerseits sein Verhältnis zur Umwelt (Ackerboden) als zerbrochenes beschrieben: Kain wird vom Ackerboden verbannt. Andererseits dient ihm der Ackerboden auch nicht mehr, er bringt keinen Ertrag. Der Erzähler versteht es als Zeichen eines Lebens im Unheil, wenn jemand nicht mehr ruhig auf seinem Acker leben kann (vgl. die Schilderung des Friedens in der salomonischen Zeit 1 Kön 4,20; 5,5). Ruhe- und Rastlosigkeit sind Zeichen der inneren Verwandlung des Menschen durch die Sünde, der zerstörten Menschlichkeit. Ein Leben unter dem Fluch, d. h. verstoßen von Gott, ohne Erfolg in der Arbeit, ohne festen Halt in der Welt: so ist das Leben des Mörders.

Hinter der Aussage in V. 11b.12a steht ein magisches Denken: Der Acker hat das Blut des Ermordeten getrunken. Er reagiert mit Unfruchtbarkeit.

Die Klage Kains (4,13f)

Die Rede Kains in V. 13f könnte man als Ausdruck der Reue verstehen, als ob der Mörder doch seine Schuld einsehen, aber keinen Ausweg erkennen würde. Andere Exegeten haben die Sätze als trotzige Aussage betrachtet, die zeigen würde, wie weit sich Kain schon von Jahwe entfernt hat. Der Gattung nach sind jedoch die Worte Kains der Teil eines Klageliedes, das angesichts der Lage, in der sich Kain befindet, angemessen ist. Kain klagt Jahwe, was ihn in seine jetzige »verfluchte« Lage gebracht hat: die Schuld und die damit verbundene Strafe Jahwes; er schildert seine erbärmliche Lage aufgrund seiner Schuld (V. 14b). Allerdings fehlt das wichtigste Element des Klageliedes: die Bitte.

Das »Kainszeichen« (4,15)

Obwohl Kain keine Bitte ausspricht, antwortet doch Jahwe, allerdings nicht mit einer Aufhebung der Strafe oder einer Strafmilderung, aber doch mit einem Zeichen. In seiner Klage hat Kain am Ende die Furcht ausgesprochen, von irgend jemandem erschlagen zu werden. Kain fürchtet also nicht nur einen Bluträcher (zur Blutrache war nur der nächste Verwandte des Ermordeten berechtigt), sondern daß er – ausgestoßen aus der menschlichen Gemeinschaft – schutzlos jedem Angreifer ausgesetzt ist.
Doch dies darf nicht sein; Jahwe selbst verhindert es. Der Mörder bleibt zwar unter dem Fluch Jahwes, wird aber doch auch unter einen Schutz gestellt. Auch die Tötung Kains wäre Mord, obwohl Kain selbst Mörder ist. Die Strafe, die den trifft, der in das Handeln Gottes an Kain eingreift, ist siebenfach, d.h. eine unendlich schwere Strafe: eine alles umfassende Blutrache durch Jahwe selbst. Dem Schutz Kains dient ein Zeichen. Worin es besteht, wissen wir nicht. Auf jeden Fall ist daraus zu entnehmen: Jeder, der sich gegen einen Menschen wie Kain verfehlt, hat Gott gegen sich. Nicht einmal ein Gewalttäter ist vogelfrei der Willkür seiner Mitmenschen ausgeliefert.

Der Strafvollzug (4,16)

Anschaulich wird ausgedrückt, was die Folge und damit die Strafe für die Sünde ist: ein Leben fern von Jahwe. Als Ziel wird das Land Nod, östlich von Eden, angegeben. Der Name »Nod« ist ein sinnbildlicher Name. Wie öfters verwendet der Jahwist auch hier ein Wortspiel: »Nod« erinnert an *nad* (ruhelos). Kain geht ins Land »Ruhelos«, weg von Jahwe ins »Elend«. Ein Leben fern von Jahwe ist ein »elendes Leben«. Die Lokalisierung »östlich von Eden« erinnert an Gen 3,24. Der Sünder lebt außerhalb des Heils(ortes).

Vergleich des Aufbaus von Gen 2,4b–3,24 und 4,1–16

Exposition	2,4b–25		4,1.2		
1. Sünde/Vergehen a) Versuchung	Mißtrauen gegen Gott wird erregt (»Hat Gott wirklich gesagt . . .?)		Zorn auf Gott, Neid(gefühle) wegen Bevorzugung des Bruders durch Gott	4,3–6	
»Personifikation«	Schlange	3,1–5	Sünde als »Lauernder«	4,7	
b) Sünde	Selbstbestimmung über Gut und Böse anstelle Gottes = Untreue gegen Gott – Zerstörung des Gottesverhältnisses	3,6	Brudermord = Sünde gegen den Mitmenschen – Zerstörung des Bruderverhältnisses	4,8	Art der Sünde
c) Ergebnis	Erkenntnis der »Nacktheit« Angst vor Gott	3,7 3,8			
2. Verhör Erkundungsfrage	»Wo bist du?«	3,9	»Wo ist dein Bruder?«	4,9a	Hinweis auf die Verantwortung – Rechenschaft
Beschuldigungsfrage	»Was hast du getan?«	3,13	»Was hast du getan?«	4,10	
Reaktion des Sünders	Weiterschieben der Schuld (Verantwortung)	3,10–13	Lüge; Leugnung der Tat	4,9b	
3. Urteil	Verfluchung der Schlange Strafwort über die Frau Strafwort über den Menschen (Mann)	3,14–19	Verfluchung Kains Unfruchtbarkeit des Ackers Klage Kains (ohne Bitte)	4,11–12 4,13–14	Bestrafung: Unheil über den Sünder in seiner Umwelt
4. Sorge Gottes für den Sünder	»Mutter aller Lebendigen« Fellröcke	3,20–21	Androhung 7facher Blutrache – Zeichen	4,15	»Gnade«
5. Strafvollzug	Vertreibung aus dem Garten	3,22–24	Weggehen vom »Angesicht Gottes« (Vertreibung vom Ackerboden)	4,16 (4,14)	Aufhebung der Gemeinschaft mit Gott

Der parallele Aufbau von Gen 3 und 4,1–16 zeigt an, daß die beiden Erzählungen nebeneinander und in Ergänzung zueinander verstanden werden müssen. Die beiden erzählten Sünden sind als gleichgewichtig zu betrachten. Eine Isolierung von Gen 3 ist nicht angebracht. Es ist auch nicht zu erkennen, daß die Sünde von Gen 4,1–16 ursächlich mit der von Gen 3 in Beziehung gebracht wird. Beide Texte stellen zwei Grundsünden, d.h. zwei typische Sünden des Menschen, dar. Sie zeigen, wie sich der Mensch versündigen kann. Gen 3 spricht von einer Sünde direkt gegen Gott (Bruch der vertikalen Beziehung des Menschen), 4,1–16 von einer Sünde gegenüber dem Mitmenschen (Bruch der horizontalen Beziehung). Daß es beide Sündenarten in der Welt gibt, daß jeder Mensch Adam und Eva, Kain (und manchmal als Opfer des Unrechts auch Abel) ist, macht den Unheilszustand der Welt aus. Die gleiche Reaktion Gottes auf die Sünde von Gen 3 und Gen 4 verdeutlicht, daß Gott durch die Sünde gegen den Mitmenschen genauso getroffen wird wie von der Sünde direkt gegen Gott. Wegschieben der Schuld (3,12f) und Leugnung der Tat (4,9) sind zwei typische Reaktionen des Sünders. Man kann fragen, ob durch die Reihenfolge »religiöse Sünde« in Gen 3 und »soziale Sünde« in Gen 4 angedeutet wird, daß letztere oft die Folge der ersteren ist.

Praxis

Mach dir nichts vor – du bist Kain!

Die Geschichte von Kain und Abel gehört sicher zu denjenigen (wenigen), die auch die kennen, welche schon lange nicht mehr in der Bibel gelesen und Gottesdienste besucht haben.
Frage ans Plenum: Wie erinnere ich mich an diese Geschichte? Welche Gedanken und Empfindungen löst sie aus?
Je nachdem findet man von hier den Übergang zu einem der folgenden Themen.

Thema A: Sind wir wirklich so?

1. Zwischen der ersten Geschichte über den Menschen (Gen 3) und der zweiten (Gen 4,1–16) besteht konzeptionell auffallende Ähnlichkeit. Die Erarbeitung dieser Ähnlichkeit durch ein Strukturbild (s. Seite 56) veranschaulicht es und wirft

die Frage auf: Was besagt es, daß die beiden ersten Geschichten vom Menschen die vom unerlaubten Genuß der Baumfrucht und die vom Brudermord sind? Dazu besteht noch eine Parallele zu den Schöpfungsberichten: Zwei Schöpfungsberichte, zwei Übertretungsgeschichten – was besagt das?
Muster für die Geschichten in Gen 3 und 4 ist ein Gerichtsverfahren. Beide enden damit, daß sich die handelnden Personen (Adam, Eva, Kain) ihr Leben gründlich verdorben haben. Bemerkenswert: Das zweite, was die Bibel über den Menschen sagt – nach dem ersten: Gott hat ihn geschaffen, dazu eine Welt, in der er leben kann, und alles als gut befunden – lautet: Er macht sein Leben zur Plage.

Frage: Trifft das eigene Erfahrungen, Selbst- oder auch Fremderfahrungen? Mache ich selbst mir mein Leben zur Plage, machen Menschen, die ich gut kenne, machen Familien, Gruppen, Völker, macht vielleicht sogar die ganze Menschheit (gegenwärtig) sich das Leben zur Plage? Warum tun wir das?
Wir suchen Antworten auf diese Fragen in einem *offenen Gruppengespräch,* so, daß jeder sich daran beteiligen kann.

Eine Alternative: Die Geschichte von Kain und Abel ist eine Geschichte zwischen Geschwistern, die betroffen macht. Auch wir sind, sofern wir Geschwister haben, davon betroffen.
Wir machen uns Gedanken über unsere Beziehungen zu den Geschwistern und wählen dafür das *Zweiergespräch,* weil es dann leichter fällt, ehrlicher zu sein und negative Einstellungen und Gefühle auszusprechen. Ein Mord hat eine Vorgeschichte und innere Voraussetzungen auf der Seite des Täters, manchmal auf beiden Seiten.
Fragen für das Zweiergespräch: Wer und wie waren Bruder und Schwester? Was waren sie mir, was war ich ihnen? Gab es Bevorzugungen, gelegentliche oder fortwährende? Wurde darüber gesprochen, von wem? Welchen Einfluß hatte das auf die gegenseitigen Beziehungen?
Nach den Gesprächen kurze Berichte im Plenum.

2. Beide Erzählungen decken die Gründe auf für den Verlust von »Lebensqualität«. Einmal ist es eine Entscheidung gegen Gott, das andere Mal ist es eine Aktion gegen den eigenen Bruder. Die Bibel erzählt die Schaffung des Menschen zweimal, um ein Bild von ihm zu zeichnen, das deutlich genug ist, und sie erzählt zweimal, wie sich dieser Mensch sein Leben

verdirbt, auch, um es deutlich genug zu machen. Herrscher und Gärtner, der falsche Genuß und der Mangel an Selbstbeherrschung, eigenwillige Neugier mit Ehrgeiz (vielleicht) gepaart, Wut geschärft durch Aggression!
Frage ans Plenum: Kennzeichnet das uns (Menschen) angemessen und ausreichend? Fehlen Züge im Bild? Welche?

Thema B: Abgelehnt

Wie kommt es zum Brudermord, einem auch heute noch uns tief erschreckenden Verbrechen? Wir lassen die Geschichte erzählen – ehe sie gelesen wird – und erfahren auf diese Weise, wie sie sich eingeprägt hat und was betont wird.
Nach der Erzählung hat die Erfahrung bei einer Opferhandlung die Tat ausgelöst. Kain erlebt Zurückweisung. Besonders schmerzlich ist die Zurückweisung einer mühevoll erworbenen und mit Liebe dargebrachten Gabe. Das ist uns allen nicht fremd. Davon können wir ein Liedchen singen. Das wurde in Familien, in der Schule, in Gruppen erlebt. Und das macht kaputt, den einen schneller, den anderen langsamer, die eine halb, die andere ganz.
In *Gruppen* lassen wir uns auf diese Erfahrung ein.
Wie hat Zurückweisung auf mich gewirkt, wenn ich nicht angeschaut, nicht gestreichelt, nicht gelobt, sondern in die Ecke gestellt, dort belassen, gelegentlich mit abfälligen Bemerkungen bedacht wurde?
Frage ans Plenum: Wie begründet der Text die unterschiedlichen Reaktionen des Herrn? Wie habe ich mir geholfen, ihn zu verstehen? Was für ein Kainsbild habe ich mir dabei zurechtgelegt?

Thema C: Kopf hoch! Beherrsche dich!

1. Kains Blick war grimmig geworden. Er trug seinen Kopf gesenkt. »Kopf hoch!« sagt der Herr. Das war noch, ehe es geschah! Wir kennen diesen Zuspruch. Meist kommt er etwas forsch über die Lippen, manchmal versucht auch eine Hand am Kinn nachzuhelfen.
Wir versuchen das einmal, gehen grimmig dreinschauend mit gesenktem Blick im Kreis. Lassen uns einmal das Kinn heben gegen Widerstand von innen und sprechen dann in der Runde aus, ob und wie es uns verändert hat.

Seele wirkt sich körperlich, äußerlich sichtbar aus, aber Körperhaltungen, Gesten wirken auch nach innen, nicht alle und nicht immer, und nicht sofort.

2. Es gibt für Erfahrungen nicht immer Begründungen. Kain mag sich als der weniger oder gar nicht Geliebte empfunden haben. Aber warum das so war? Warum wird das, was ich tue, nicht gesehen, aber das, was meine Kollegin tut? Warum-Fragen erweisen sich oft und gerade, wenn es ernst ist, als törichte Fragen. Wie gehe ich mit dieser Tatsache um? Abfinden, davonlaufen, zuschlagen?
Wir wählen das *Gespräch zu zweit,* um der Wahrheit eine bessere Chance zu geben.

3. Kain schlägt tot. Er reagiert unbeherrscht, einfach unbeherrscht. Die Belastung war vielleicht zu groß. Zurückgewiesen zu werden ist eine Grausamkeitserfahrung. Ihr sind Grenzen gesetzt. Den einen treibt die Wut nach außen, er reagiert aggressiv. Den anderen treibt sie nach innen, er reagiert depressiv, fällt in ein dunkles Loch.
Was heißt dann »Beherrsche dich«? Wie und wann gelingt das mir? Was hilft mir dabei?
Wir sprechen darüber in Gruppen.

Thema D: Verurteilt – zum Leben

Für den Biß in die Frucht vom Baum der Erkenntnis war die Todesstrafe angesagt. Sie wurde nicht vollstreckt. Für den Brudermord lautet der Richterspruch: Verflucht seist du! Kain wird also nicht getötet, er wird zum Leben verurteilt, zu einem Leben unter dem Schatten des Fluchs. Seine Arbeit wird ihm keine Erträge bringen. Die Hand, die erschlagen hat, wird niemand ergreifen, aus ihr wird niemand etwas nehmen. Ruhelos wird er umherziehen und die Tat, die er begangen hat, nicht loswerden.
Eine grausame Geschichte oder eine sehr schmerzliche, die heilen soll? Uns, in denen der Mörder wohnt?
Wir führen ein Gespräch, eventuell als *Pro- und Contra-Diskussion* über die Behandlung von Straftaten nach der Denkweise: Nicht töten, nicht einsperren, sondern schützen; herumlaufen lassen, aber kennzeichnen. Den Autofahrer z.B. ich habe ein/eine/einen . . . totgefahren. Wir würden dann einen Dr. Mengele nicht suchen, um ihn vor Gericht zu stellen und einzusper-

ren, sondern herumlaufen lassen, aber mit einer Binde, die ihn kennzeichnet, so wie die Juden durch den Stern gekennzeichnet waren, daß er als Arzt Menschenversuche gemacht und den Tod von vielen zu verantworten hat.

Thema E: Gott schreit für alle Opfer

Wir leben in einer Zeit, in der massenweise unnatürlich gestorben wird: auf Straßen, durch Streß im Leistungsgetriebe, in Kriegen, durch Ausbeutung, in Armut und Verzweiflung, an Hunger. Was heißt da schon: Wo ist dein Bruder, wo ist deine Schwester? Diese Fragen werden überhört. Viel zu viel redet auf uns ein. Wir brauchen Oasen der Stille, um hören zu können, was für unser Weiterleben wichtig ist.
Wir nehmen uns Zeit, daß jeder sich die Frage stellen kann und die Antwort notieren: Wer ist mein Bruder, wer ist die Schwester, die mich braucht? Wie finde ich sie, wie komme ich an die, die mich brauchen, heran – äußerlich und innerlich?

Abschluß: Über das Thema zum Text

Die zweite Geschichte über den Menschen, eine Mordgeschichte. Die erste Aussage über den Menschen außerhalb von Eden: Er tötet. Ernstgenommen wurde das bisher nicht. Nicht in den Familien, nicht in den Schulen, auch nicht in den Gemeinden. Die Geschichte wäre sonst vielleicht anders gelaufen.
Das *Schlußgespräch,* ein Gespräch *in Gruppen,* lenken wir über das Thema zum Text: Mach dir nichts vor – du bist Kain. In dir wohnt ein Mörder – in mir! Gott aber steht an der Seite des Opfers und schreit für es.
Aus diesen Gesprächen heraus kann eine *Szene* gemacht und die Wahrheit dargestellt werden: pantomimisch, mit Texten, Bildern und Tönen. Das zu erarbeiten könnte der Inhalt eines Wochenendes einer Gemeindegruppe sein.

Die Sintflut

Genesis 6,5–9,17

Mit Gen 6,1–4 hat vermutlich erst der Pentateuchredaktor eine dritte Sündenerzählung eingefügt. Ihr liegt wohl ein Bruchstück eines Mythos zugrunde, der von der Verbindung göttlicher Wesen mit Menschenfrauen erzählte, aus denen Riesen hervorgingen (6,2.4). Durch V. 3 ist der Mythos uminterpretiert worden. Es soll nun die Verdorbenheit des menschlichen Geschlechtes veranschaulicht werden, obwohl eigentlich die Gotteswesen die Schuldigen sind. Gen 6,3 ähnelt dem Jahwewort von Gen 3,22. Jahwe setzt allen Menschen eine Lebensgrenze. Das menschliche »Fleisch« und der göttliche Geist dürfen nicht länger beieinander bleiben. Vielleicht polemisiert der Text auch gegen den kanaanitischen Kultbrauch der Heiligen Hochzeit, durch die man die Fruchtbarkeit des Landes und der Menschen herbeiführen wollte (weitere Deutungsmöglichkeiten vgl. J. Scharbert, Genesis 1–11, 79–81).
Einem aufmerksamen Leser der Sintfluterzählung Gen 6,5–9,17 fallen eine Reihe von Widersprüchen, Doppelungen usw. auf. Es wird sowohl der Gottesname »Jahwe« (EÜ: Herr) als auch die Gattungsbezeichnung »elohim« (EÜ: Gott) verwendet. Die Dauer der Flut wird unterschiedlich angegeben: 40 Tage bzw. 150 Tage (vgl. 7,12; 8,6–12 mit 7,24). Die Zahl der in die Arche mitgenommenen Tiere ist nicht einheitlich: einmal sind es 7 Paare von den reinen und 1 Paar von den unreinen Tieren (7,2), ein andermal je zwei von jeder Art (6,20; 7,14f.21; 8,19). Diese und andere Widersprüche kann man am besten dadurch erklären, daß in der jetzigen Sintfluterzählung zwei ursprünglich selbständige Fluterzählungen von einem Redaktor zusammengefügt wurden. Aus dem Text lassen sich folgende Teile herauslösen, die auf die Pentateuchschichten »Jahwist« (J), »Priesterschrift« (P) und den Endredaktor (R) entfallen:

J: 6,5–8 (ohne »den ich erschaffen habe« und »mit ihm auch das Vieh, die Kriechtiere und die Vögel des Himmels« in V. 7); 7,1.2.3b.4.5.10a.12.16b(»Dann schloß der Herr hinter ihm zu«); 7,17b.22.23c(»Übrig blieb ...«); 8,2b(»der Regen ... ließ nach«); 8,3a.6.8–12.13b.20–22.

P: 6,9–22; 7,6.11.13–15.16a (bis »... aufgetragen hatte«); 6,18–21.24; 8,1–2a.3b–5(7).13a.14–19; 9,1–17.

R: 6,7 (die Zusätze, s. o. bei J); 7,3a.7–9.10b.17a.23ab.

Der Redaktor verwendet die Sprachmittel von J und P, harmonisiert zwischen beiden und verbindet einzelne Abschnitte.

Die Ursache der Flut (6,5–8 J+R und 6,9–12 P)

J: 6,5–7

Die Sintfluterzählung beginnt mit einem Blick Gottes auf den

Zustand der Menschheit. Der jahwistischen Erzählung gehen in Gen 3 und 4 zwei Sündenerzählungen, die typische Sünden der Menschheit darstellen, voraus. Nun, in Gen 6,5, wird festgestellt, daß sich die Schlechtigkeit des Menschen gemehrt hat und die Gedanken des menschlichen Herzens böse sind; d.h. der Mensch ist von Grund auf böse (»Herz« ist das Innerste des Menschen, der Grund, aus dem alles Denken, Fühlen, Wollen und Erkennen kommt). Dann tut der Erzähler einen Blick in das Innere Gottes: Gott hat Reue, den Menschen ins Dasein gesetzt zu haben. Die Vorstellung von der »Reue Gottes« ist Ausdruck für die persönliche Betroffenheit Gottes durch das Tun des Menschen (vgl. 1 Sam 15,11; Jer 18,10).

P: 6,11–12

Viel distanzierter steht nach P Gott der verdorbenen Welt gegenüber. Allerdings wiederholt P mehrmals die Aussage von der Schwere der Verdorbenheit der Welt. Die Ursache der Verderbnis der Erde ist das verderbte Leben aller Lebewesen.

Während J nur auf die Bosheit der Menschen schaut, sieht P die Verdorbenheit universaler. Durch die bösen Lebewesen (offensichtlich einschließlich der Tierwelt) ist die ganze Erde voller Gewalttätigkeit. Während es J nur um die Vertilgung der Menschen geht (6,7 ohne Ergänzungen von R) beschließt Gott nach P, mitsamt den Lebewesen auch die Erde zu vernichten (6,13b; durch die redaktionellen Ergänzungen in V. 7 ist die Aussage des jahwistischen Verses 7 mit P harmonisiert).

Beide Schriftsteller kennen eine Bewahrung in der Katastrophe:

J: 6,8

Noach wird gerettet: »Nur Noach fand Gnade in den Augen des Herrn«. Ein Grund dafür wird nicht genannt, wenigstens noch nicht hier. Jahwe hat einfach Sympathie für Noach. Der Grund wird erst in 7,1b angesprochen: sein Gerechtsein. »Gerecht« ist der Mensch, der der Gemeinschaft mit Gott entsprechend lebt. Gott selbst begründet die Gemeinschaft mit dem Menschen, und er erwartet das entsprechende Verhalten auf seiten des Menschen: Gehorsam (vgl. 7,5).

P: 6,9–10

Viel unmittelbarer spricht P von der Rechtschaffenheit Noachs (6,9). P beantwortet damit gleich bei der Vorstellung Noachs die Frage, warum und wen Gott vor dem Gericht bewahrt bzw. wie man die Katastrophe des göttlichen Gerichts überleben kann:

durch einen gerechten und untadeligen Lebenswandel (wichtig für die Verbannten in der Katastrophe des Babylonischen Exils!). Die Rechtschaffenheit Noachs besteht darin, daß er alles tut, was Gott ihm aufträgt (6,22), auch was den Bau der Arche und die Rettung der Tiere betrifft.

Die Vorbereitung auf die Flut (6,13–22 P; 7,1–5 J+R)

Es ist Glaubensüberzeugung Israels, daß jedes göttliche Gericht ein Durchgang zu neuem Leben sein soll. Davon sprechen beide Erzählstränge J und P.

P: 6,13–22
Die ausführliche Schilderung des Auftrags an Noach zum Bau der Arche verdanken wir P. Die genauen Anweisungen zum Bau der Arche haben den Sinn zu zeigen, wie sehr sich Gott um den Gerechten kümmert. Das Ziel ist, Noach, »der seinen Weg mit Gott ging«, samt seinem »Haus« aus der großen Katastrophe zu retten. Dazu kommt noch je ein Paar von jeder Tierart in die Arche, »damit sie am Leben bleiben« (6,19b.20b). So befindet sich schließlich in der Arche eine »Welt im Kleinen«, für die Gott Sorge trägt (6,21).

J: 7,1–5
Von J ist kein Text über den Bau der Arche durch Noach erhalten. Wahrscheinlich hat der Redaktor diesen Teil der jahwistischen Erzählung zugunsten des P-Abschnittes weggelassen. Wie bei P wird auch bei J Noach in den Plan Gottes eingeweiht. Grund für die Rettung ist die Gerechtigkeit Noachs (7,1). Die Mitnahme der Tiere hat den Sinn, das Leben nach der göttlichen Strafe sicherzustellen. Die Unterscheidung der mitgenommenen Tiere in reine und unreine ist religiös zu verstehen. Kultisch reine Tiere durften geopfert und gegessen werden, kultisch unreine Tiere (z.B. Schwein, Esel) nicht. Der höhere Wert der reinen Tiere wird durch die Zahl Sieben (Paare) ausgedrückt (P macht diesen Unterschied nicht, weil dort die Unterscheidung auf Mose zurückgeführt wird).

Die »Regenkatastrophe« (J: 7,10a.12.16b.17b.22.23c) bzw. die »gewaltige Flut« (P: 7,6.11.13–16a.18–21.24)

In diesem Abschnitt sind beide Sintfluterzählungen, die ältere jahwistische und die jüngere priesterschriftliche, vom Pentateuchredaktor ineinandergearbeitet worden. Beide Erzähler beschreiben eine Totalkatastrophe.

J: Der Jahwist schildert die Katastrophe als 40tägigen Regen, der die Erde total überschwemmt. Das Gericht vernichtet »alle Wesen auf dem Erdboden« (7,22); die Fische werden offenbar ausgenommen (da sie schwimmen können). Die Zahl 40 bei der Dauer des Regens ist eine symbolische Zahl; sie drückt eine Ganzheit, eine Totalität aus: Das Strafgericht Gottes ist total, ungeheuer, allumfassend. Die totale Bosheit des Menschen (»böse im Kern seines Wesens«, vgl. 6,5) hat den totalen Untergang verdient. »Noach und was mit ihm in der Arche war« (7,23c) sind die einzig Überlebenden, Voraussetzung für neues Leben.

P: Nach P ist die Flut eine Schöpfungskatastrophe. Die Trennung der oberen und unteren Wasser, die durch die Schaffung des Himmelsgewölbes vollzogen wurde (Gen 1,6f), wird aufgehoben. Der Himmelsozean fällt auf die Erde herunter, die Urflut dringt nach oben auf die Erde. Die geordnete Welt, die Lebensräume Himmel, Meer und Erde, werden wieder zum Chaos (7,11). Allerdings schwimmt auf der großen Flut die Arche als Abbild des »Lebenshauses« Erde (E. Zenger, Gottes Bogen, 114); es befinden sich in ihr neben Noach und seiner Familie von jeder Tierart ein Paar und »von allem Eßbaren« etwas (6,20f; vgl. 1,24). Sie sind Voraussetzung für neues Leben auf der vom Bösen gereinigten Erde nach der Flut.

Das Ende der Katastrophe
(J: 8,2b.3a.6.8–12.13b.20–22 – P: 8,1–2a.3b–5(7).13a.14–19)

Auch hier hat der Redaktor die jahwistischen und priesterschriftlichen Abschnitte ineinander verwoben. Der Blickpunkt der beiden älteren Erzähler ist unterschiedlich. J sieht das Ende der Flut mehr von Noach her, P mehr von Gott her. Der priesterschriftliche Text vertieft den älteren jahwistischen.

J: Der gerechte Noach, den Gott verschont hat, wird als klug dargestellt. Er selbst findet heraus, wann er die Arche verlassen kann. Er sendet dreimal eine Taube aus und wartet jedesmal sieben Tage bis zur nächsten Aussendung. Die Sieben gibt symbolisch eine Zeitspanne an, in der etwas heranreift und zur Vollendung kommt (vgl. Gen 2,2–3). 3 mal 7 steigert die Aussage. Nach 3 mal 7 Tagen beginnt eine neue Zeit für die Menschheit. Gott läßt die Menschheit, die Welt, nicht im Gericht, sondern zielt auf das Heil. Noach verläßt aufgrund einer Erkenntnis – der Gerechte ist auch der Weise, der sein Leben in der rechten Weise, im Sinn Gottes, gestalten kann – die Arche. Er dankt, wie es sich für einen Gerechten gehört, mit einem Opfer dafür, daß er im Unheil bewahrt geblieben ist. Sein Opfer wird angenommen. Der Jahwist beschreibt dies sehr menschlich: »Der Herr roch den beruhigenden Duft« (8,21a).

Der Abschluß der jahwistischen Sintfluterzählung ist ein Entschluß Jahwes, der ganz in den Bereich des bäuerlichen Lebens paßt: 8,22. Für J ist der Rhythmus des bäuerlichen Jahres Zeichen, daß Gott der Welt gut gesinnt ist; der jahreszeitliche Rhythmus ist Zeichen der Treue Gottes zur Erde und zum Menschen. Diese Treue Gottes bleibt bestehen. Der Mensch bleibt weiterhin der Böse, aber gegen die Grundbestimmung des Menschen zum Bösen steht die göttliche Verheißung. Die Feststellung, »daß alles Sinnen und Trachten seines Herzens immer nur böse war« (6,5b), ist die Ursache des gottgesandten Unheils. Die gleiche Feststellung, »denn das Trachten des Menschen ist böse von Jugend an« (8,2), hindert Gott nicht daran, der Welt treu zu sein. Der Bestand der Welt hängt nicht vom Menschen ab; er ist in Gott begründet. Der Tun-Ergehen-Zusammenhang (die Sünde zieht die Strafe nach sich) ist nicht ein notwendiges Geschehen. Die Welt besteht deshalb, weil Gott nicht jedesmal strafend eingreift. »Die Bosheit der Menschen kann die Schöpfung als solche nicht gefährden« (V. Fritz, 611).

P: Das Ende der Flut wird von Gott her erzählt und von ihm eingeleitet. Das Chaos endet, indem Gott an den Menschen denkt (8,1). Gott gibt auch den Befehl zum Verlassen der Arche (8,16–17). Auffallend ist die Datumsangabe für das Ende der Katastrophe: »am 1. Tag des 1. Monats« (8,13a), d.h. am Neujahrstag. P sieht nach der Sintflut eine neue Weltzeit, die jetzige, angebrochen.

Gottes Bund mit Noach (9,1–17)

Die neue Weltepoche ist durch einen Bundesschluß mit der Menschheit und allen anderen Lebewesen charakterisiert (9,9f). Durch den Begriff des »Bundes« (»Gott verpflichtet sich selbst«) wird die einfache Verheißung der jahwistischen Erzählung (8,21b.22) verstärkt. In einer groß angelegten Gottesrede denkt P darüber nach, welche Bedeutung der neue Anfang für die nachfolgende Zeit hat.

9,1–7:

Der Schöpfungssegen über die Menschheit bleibt bestehen

(9,1.7). Der Mensch als Herr der Tierwelt ist fähig und befugt, die Tiere zu beherrschen (V. 2). Das Schlachten der Tiere zur Nahrung ist erlaubt (V. 3). Beides bedeutet für die Tierwelt »Furcht und Schrecken« (V. 2a). Ein gesetzlicher Zusatz, V. 4, legt das Verbot des Blutgenusses fest. Innerhalb der menschlichen Gemeinschaft gibt es das Böse, dargestellt in der Gestalt des Mörders. Von ihm fordert Gott Rechenschaft und läßt über ihn die Todesstrafe zu. Durch die Todesstrafe wird der Böse aus der menschlichen Gemeinschaft ausgeschieden.

9,8–17:
Gott bleibt der Welt zugewandt. Dies wird von P unter den Begriff des »Bundes« gefaßt. Der Bund ist Verheißung; Gott verpflichtet sich, die Welt in ihrer Ordnung bestehen zu lassen. Gott will seiner Welt gedenken (9,16). Als sichtbares Zeichen der mächtigen göttlichen Heilsgegenwart versteht P den Regenbogen (9,13f). Der Bogen ist im Alten Orient u. a. Symbol der Herrschaft und Macht gegen das Böse. Auch wenn Gott immer wieder Strafgerichte über die Welt bringt (9,14a; vgl. Ez 30,3), will er die Welt nicht mehr ins Chaos zurückstürzen.

Die Sintfluterzählung steht in der Mitte der Urgeschichte von Gen 1–11. Die biblische Urgeschichte will typische, die Welt bestimmende Tatsachen feststellen. Die Sintfluterzählung ist in Verbindung mit den Schöpfungs- und Sündenerzählungen zu sehen: Die Welt ist Gottes gute Schöpfung (Gen 1–2). Sie ist zwar aufgrund der Sünde des Menschen böse, aber sie ist auch die von Gott bewahrte Welt. Daß das Leben weitergeht, beruht nicht nur auf der von Geschlecht zu Geschlecht weiterwirkenden Segenskraft Gottes (Gen 5; 10), sondern auch auf dem Heilswillen Gottes (8,21f; 9,1–17).

Praxis

Thema: Der Menschen Bosheit und Gottes Treue

Es gehört zu unserer Alltagserfahrung, daß Menschen Böses tun. Die Schlagzeilen einer Zeitung liefern dafür Beispiele: Mord, Brutalität, Diebstahl, Unfälle durch Alkohol am Steuer, Umweltskandale, Kriege. Wie durch ein Vergrößerungsglas sehen wir die Sünden und die Bosheiten der anderen: bei den Menschen, mit denen wir leben – aber auch bei denen, die irgendwo auf dieser Erde politische Verantwortung tragen. Unsere eigenen Fehler und Bosheiten entdecken wir erst bei

näherem Hinsehen und auch nur dann, wenn wir uns selbst gegenüber ehrlich sind.
An dieser Bosheit, die alle Menschen bestimmt, hat sich seit dem Sündenfall (Gen 3) nichts geändert. Geändert hat sich allerdings die Art und Weise, wie Gott dieser menschlichen Bosheit begegnet:
Mit der »Totalkatastrophe«, der Sintflut, vernichtete er die Menschen samt ihrer Bosheit. Nur Noach, seine Familie und etliche Tiere erhalten in der Arche die Chance des Überlebens.
Mit dem Bund (Gen 9,9) setzt Gott einen Neuanfang für die Menschen und für die Erde. Trotz der weiterbestehenden Bosheit verheißt er Noach, daß er jetzt nicht mehr strafend eingreifen wird. Der jahreszeitliche Rhythmus und der Regenbogen werden zu Zeichen der Treue Gottes (Gen 8,22; 9,13).

Vorschlag A: Eine Perspektive für die Welt

1. Einführend veranschaulicht der Leiter die oben beschriebene Szene: die Auswirkungen der menschlichen Bosheit. Dazu kann er Überschriften aus einer Zeitung zitieren oder entsprechende Nachrichtenmeldungen des Tages einbringen. Bezeichnend ist, daß Journalisten bevorzugt skandalöse, brutale und negative Geschehnisse übermitteln und solche Meldungen auch bei den Lesern und Fernsehzuschauern auf besonderes Interesse stoßen. Vielleicht können einzelne Teilnehmer auch spontan eigene Erfahrungen ergänzend anfügen.
Berechtigt erscheint die Frage, ob die Menschheit durch die Folgen ihrer Bosheit, ihres Egoismus, ihres Gewinnstrebens und ihrer Maßlosigkeit (Umweltzerstörung, ständige Vermehrung der Waffen usw.) nicht zwangsläufig auf eine Totalkatastrophe zusteuert.

2. Jetzt werden die Abschnitte Gen 8,21–22 sowie 9,8–17 gelesen und vom Leiter erläutert (vgl. die Auslegung).

3. In kleinen Gruppen (4–5 Personen) erarbeiten die Teilnehmer die Konsequenzen, die sich aus dem Bund Gottes mit Noach ergeben. Welche Konsequenzen hat dies für unser Denken, für unser Sprechen von der Zukunft und für unsere Ängste? Ein Teilnehmer in der Gruppe hält die Ergebnisse schriftlich fest und berichtet diese im anschließenden Plenum.

4. Im Plenum bringen die Arbeitsgruppen ihre Ergebnisse ein und führen ein Rundgespräch darüber. Der Leiter faßt die dis-

kutierten Aussagen zusammen und ergänzt diese durch eigene Überlegungen zu den genannten Bibeltexten.

Vorschlag B: Für das Leben – gegen die Depression

1. »Das Leben ist eines der schwersten!« – diese Sichtweise des Lebens läßt darauf schließen, daß der/die Betreffende vor allem seine/ihre negativen Erfahrungen wahrnimmt und darunter leidet. Zweifellos gehören negative Erfahrungen zum Leben. Der Leiter kann dazu einige praktische Beispiele darstellen: finanzielle Sorgen, Eheprobleme, Arbeitslosigkeit, Krankheiten, Schlafstörungen, Verlusterfahrungen.
Entscheidend ist dabei, wie der einzelne sein persönliches Problem bewertet. Sieht er das Leben insgesamt als lebenswert an, dann wird er negative Erfahrungen nicht überbewerten, sondern als lösbar oder als tragbar ansehen, womit er leben kann. Erscheint ihm sein Leben aber wenig sinnvoll, dann wird er negative Erfahrungen überbewerten und diese wie einen unüberwindlichen Berg ansehen; solche Sichtweise macht traurig, ohnmächtig, passiv, todessehnsüchtig. Letztlich entscheidet jeder Mensch für sich selbst, ob er sich am Leben (als Geschenk und Aufgabe aus Gottes Hand) oder aber am Tod orientiert (an der Sinnlosigkeit des Lebens, am Tod als einziger »Lösung«; in verschiedenen Formen der Depression kann sich diese Haltung manifestieren).

2. Der Text Gen 9,8–17 wird gelesen und vom Leiter erläutert (vgl. die Auslegung). Mit dem Bund spricht Gott sein »JA« zum Menschen und zur Erde (V. 12: »für alle kommenden Generationen«). Negative Erfahrungen bleiben dem Menschen zwar nicht erspart, aber Gott will für den Menschen das Leben – nicht das Chaos und nicht den Tod. Der Regenbogen ist das Zeichen der »göttlichen Heilsgegenwart« für Noach und für alle Menschen nach ihm.

3. In Gruppen (ca. 6–8) sprechen die Teilnehmer über die Frage: »Was hilft mir, Gottes JA zu meinem Leben auch in kritischen Situationen festzuhalten und daran zu glauben?«

4. Der Leiter wird dazu im anschließenden Plenum eigene Gedanken und Erfahrungen einbringen und die Teilnehmer bitten, ihre Erfahrungen und Fragen mitzuteilen, soweit sie dies wollen und können (bei mutigen Teilnehmern kann der Leiter auch diese beginnen lassen). Die Verheißung Gottes, daß er dem

Menschen zugewandt bleiben wird, greift weit über das Alte Testament hinaus.

Vorschlag C: Die Arche – Ort des Überlebens

1. Der Text Gen 7,17–8,22 wird vorgelesen.

2. Zu einem Brainstorming fordert der Leiter die Teilnehmer auf: Sie sollen spontan ihre Gedanken, Assoziationen und Gefühle nennen, die ihnen zu dem »Bild« der Arche einfallen. Alle Einfälle werden auf einer Plakatwand oder einer Tafel stichwortartig festgehalten (z. B. Schutzraum zum Überleben; Rettung vor der Katastrophe; Geborgenheit angesichts des Chaos . . .).
Danach erläutert der Leiter, wie ein Mensch in seiner Entwicklung »Räume« zum Überleben braucht, die ihm Schutz bieten vor vielen Gefahren: Im Leib der Mutter erlebt der Mensch vollkommene Versorgung, Geborgenheit und Wärme; diese Erfahrungen setzen sich teilweise fort in der Familie. Jugendliche und Erwachsene müssen sich neue Schutzräume (Archen) suchen, die ihnen Geborgenheit und die Gemeinschaft geben, die heute zum Überleben nötig sind.

3. In kleinen Gruppen sprechen die Teilnehmer über folgende Fragen:

– Welche »Archen« waren für mich bisher wichtig und hilfreich (z. B. Familie, Gemeindegruppen, Freunde . . .)?
– Welche »Archen« wünsche ich mir für mich und für andere?

4. Im Plenum werden die Ergebnisse zusammengetragen und diskutiert; vielleicht ergeben sich konkrete Schritte zu neuen Zielen für die Gruppe oder für die Gemeinde.
Ein alternativer »Einstieg« zu diesem Vorschlag: Die Sintflutgeschichte wird erzählt; dann wird ein Bild eines Künstlers von der Arche gezeigt und gemeinsam betrachtet (z. B. »Noach« von Sieger Köder aus der »Tübinger Bibel in Bildern«, Katholisches Bibelwerk, Stuttgart 1972). Der weitere Verlauf wie unter 2.

Verkleinerte Drucke (Postkartenformat) des Bildes von S. Köder sind zu beziehen durch: Freizeit- und Bildungsstätte »Bernhäuser Forst«, Postfach 300135, D-7022 Leinfelden 3; das Stück für –,10 DM; bei Mengen unter DM 10,– fügen Sie bitte der Bestellung den Betrag einschließlich Porto in Form von Briefmarken bei.

Der babylonische Turm

Genesis 11,1–9

Babylonien am Unterlauf von Eufrat und Tigris hatte zwei große Blütezeiten. Im 18. Jahrhundert v. Chr. konnte Hammurapi von Babylon Assyrien erobern und so Mesopotamien zu einem Reich vereinigen. Doch um 1530 ging dieses Großreich unter. Eine zweite Blütezeit erlebte es zwischen 625 und 539. Nebukadnezzar II. (605–597 v. Chr.) konnte 597 und 586 auch Juda mit Jerusalem unterwerfen und einen Teil der Bevölkerung nach Babylonien deportieren. Als Machtzentrum mit einem bunten Völker- und Sprachengemisch machte die Hauptstadt einen faszinierenden, aber auch bedrohlichen Eindruck. Herrliche Bauwerke zeugten von der kulturellen Leistungsfähigkeit des Reiches. Zu diesen Bauten gehörte auch ein Stufenturm (Zikkurat, 91,5 m hoch); auf der obersten Plattform stand ein Tempel als Begegnungsstätte mit dem Reichsgott Marduk (genannt »Haus des Bandes von Himmel und Erde«). Dieser Turm Etemenanki war lange Zeit unvollendet geblieben. So sagt Nabopolassar (625–605 v. Chr.) in einer Inschrift: »Damals befahl mir Marduk, der Herr, I-timin-an-ki, das Heiligtum von Babylon, welches vor mir baufällig geworden und verfallen war, . . . seine Spitze dem Himmel gleich zu machen«. Doch erst Nebukadnezzar II. konnte ihn fertigbauen lassen. Vielleicht ist im letzten Viertel des 7. Jahrhunderts, als Babylon schon Großmacht, aber der Stufenturm noch nicht restauriert war, Gen 11,1–9 als Teil des jehowistischen Geschichtswerks entstanden. Wenn man den Jahwisten (10. Jh.) als Verfasser der Erzählung annimmt, dann könnten darin Erinnerungen an eine Weltmachtstellung Babyloniens wiedergegeben sein, die zur Zeit des Verfassers schon ferne Vergangenheit war. Daß der Verfasser seine Erzählung in ferne Vergangenheit rücken will, ist aus der Wendung »als sie von Osten (andere Übersetzungsmöglichkeit: ›früher, vorzeiten‹, vgl. zu Gen 2,8) aufbrachen . . .« (11,2) zu ersehen.

Gen 11,1–9 ist die Erzählung von einem Sündenfall. Sie hat zwei parallel aufgebaute Teile (11,2–4/11,5–8) mit einem Vorwort (V. 1) und einer abschließenden Feststellung (V. 9):

11,1 Feststellung: eine gemeinsame Sprache

A. Tun des Menschen	11,2–4	B. Tun Jahwes	11,5–8
Alle Menschen kommen	11,2	Jahwe kommt	11,5
Entschluß mit Begründung	11,3 f	Entschluß mit Begründung	11,6 f
(Ausführung: in V. 5.8 vorausgesetzt)		Ausführung	11,8

11,9 Feststellung: Zerstreuung, verschiedene Sprachen

Alle Menschen hatten die gleiche Sprache (11,1)

Die Einheit der Sprache ist für den Erzähler etwas Positives. Sie macht ein besseres Verstehen möglich. Sie ist Zeichen der gleichen Gesinnung, der Solidarität untereinander. Die gemeinsame Sprache macht die Einheit der Menschen, ihres Denkens, Sinnens und Fühlens möglich und schließt die Menschen zusammen. Die Vielfalt der Sprachen wird vom Erzähler nicht als Ausdruck der Vielfalt menschlicher Möglichkeiten, sondern als ihre Begrenzung, als Zeichen der Uneinigkeit (vgl. V. 9) betrachtet. Das Wissen um das Völker- und Sprachengemisch in Babel (griechisch: Babylon) veranlaßte den Verfasser zu der grundsätzlichen Frage: Warum sind die Menschen nicht der gleichen Gesinnung? Warum verstehen sie einander nicht? Die Antwort ist religiöser Art: Die Ursache für die Uneinigkeit der Menschen untereinander ist ihr Versuch, ohne Gott groß sein zu wollen.

Machen wir uns einen Namen! (11,2–4)

Wie in V. 1 so beschreibt der Erzähler auch in V. 2 die Einheit und Zusammengehörigkeit der Menschen »am Anfang«. Sie machen sich gemeinsam auf, wandern zusammen und siedeln sich in »Schinar« an. Dieser Name bezeichnet eine Gegend bei Babel, ist aber auch die Benennung für Babylonien selbst. Die Menschen, »alle Menschen« (V. 1), tun sich zu einem gemeinsamen Werk zusammen, zum Bau einer Stadt und eines Turmes.

V. 3 hat eine Parallele in einem babylonischen Text. Auf einer Inschrift rühmt sich Nebukadnezzar II.: »Etemenanki, den Stufenturm von Babylon, Euriminanki, den Stufenturm von Borsippa, ihren gesamten Bau stellte ich mit Asphalt und Brandziegeln her und führte ihn zu Ende. Ein glänzendes Göttergemach, ein Heiligtum von höchster Kunstfertigkeit, aus Brandziegeln und glänzendem Blaustein erbaute ich auf ihren strahlenden Stockwerken.«

Der gemeinsame Bau der Stadt und des Turms sollte die Uneinigkeit verhindern (V. 4). Das Ziel an sich ist gut. Allerdings wird der Weg dazu vom Verfasser als schlecht betrachtet. Man will sich einen Namen machen. Dies geschieht durch Errichtung mächtiger Bauten. Sie sollen den Ruhm vor der Welt und für alle Zeiten sichern. Doch will der Mensch damit »bis zum Himmel« reichen. Darin sieht der Erzähler eine Tat menschlicher Überheblichkeit. Er betrachtet den kulturellen Fortschritt, der dem menschlichen Ruhm dienen soll, als widergöttlich. Denn die

Menschen vergessen dabei ihr Verhältnis zu Gott, ihr Geschaffensein. In der Glaubensauffassung Israels ist es jedoch Gott, der den Namen (des Menschen, des Volkes) groß macht (vgl. Gen 12,2; 2 Sam 7,9). So ist der Bau der Stadt und des Turms für den Erzähler ein Beispiel für sündhaftes Streben des Menschen nach Größe und Ruhm, nach Selbstherrlichkeit ohne Gott.

Da stieg der Herr herab (11,5–7)

Die »gigantischen« Anstrengungen der Menschen, um Größe zu erreichen, sind so kleinlich, daß sie den Himmel gar nicht erreichen. Durch seine anschauliche Erzählweise weist der Verfasser auf die Erhabenheit Gottes und die Kleinheit menschlichen Tuns und damit auf den ungeheuren Abstand zwischen Gott und Mensch hin: Gott muß erst zu den Menschen und ihren »gewaltigen« Bauwerken hinuntersteigen (V. 5.7). V. 6 erinnert der Sache nach an Gen 3,22: Es scheint so, als ob Gott sich vor den Bestrebungen des Menschen nach immer mehr Größe fürchten würde und dies um seiner eigenen Größe willen verhindern müßte. Doch nicht um die Angst Gottes vor dem Menschen geht es hier, sondern um die Erfahrung, daß der Mensch in seiner Selbstüberschätzung nach immer mehr Selbständigkeit ohne Gott strebt und dafür alles einsetzt. Richtig und angemessen wäre es aber, wenn der Mensch seine Begrenztheit und Geschöpflichkeit anerkennen würde.

Die Sprachverwirrung und Zerstreuung (11,7–9)

Für den Erzähler ist es eine Erfahrungstatsache, daß das Streben nach Ruhm ohne oder gegen Gott den Menschen ins Unheil führt. Es zerstört die Bindungen untereinander und isoliert voneinander. Die Zerstreuung der Menschen über die Erde und die Verschiedenheit der Sprachen, »so daß keiner mehr die Sprache des anderen versteht« – als Folge der menschlichen Überheblichkeit dargestellt –, sind Zeichen der zerstörten Verbindung mit Gott und untereinander (vgl. 4,14.16: Kain irrt umher). Wer seine Grenze zu Gott hin mißachtet, zerstört auch das Verhältnis zum Mitmenschen. Gemeinsames Verstehen und Tun ist nicht mehr möglich (V. 7b.8b; vgl. das zu V. 1 Gesagte).

In der Schlußfeststellung in V. 9 deutet der Erzähler den Namen »Babel«. Im babylonischen Verständnis heißt »Babel« »Tor Gottes« (*bab ilu*). Der Hebräer hörte aus dem Namen der Stadt das hebräische Wort *balal* (verwirren) heraus. »Babel« wird so volkstümlich als »Stadt der Verwirrung« gedeutet. Babel war ein unheimliches und abschreckendes Beispiel für überheblichen Größenwahnsinn und gottwidriges Streben des Menschen nach Ruhm und Macht. Die Stadt dient in der Bibel als »Chiffre für die Konzentration widergöttlicher Macht, für Hochmut, für Gottesfeindschaft und Sittenverfall (vgl. Jes 13f; Jer 5,15–17; . . . Sach 5,11; Offb 14,8 . . .)« (J. Scharbert, 115).

Gen 3 und 11,1–9 können miteinander verglichen werden. In Gen 3 will der Mensch aufgrund seines Mißtrauens gegenüber Gott selbst entscheiden, was für sein Leben förderlich und schädlich ist; »er will sein wie Gott«, erfährt aber dabei seine Nacktheit (Ohnmächtigkeit) und verdirbt das Verhältnis zum Mitmenschen. Gen 3 ist eine Erzählung über die Sünde einzelner gegen Gott. In Gen 11,1–9 wollen die Menschen »bis zum Himmel reichen« und »sich einen Namen machen«; sie mißachten ihren Abstand zu Gott, erfahren aber ihre Grenzen und zerstören ihre Einheit untereinander. Gen 11,1–9 ist eine Erzählung über die Sünde der menschlichen Gemeinschaft (vgl. V. 1.9: »alle Menschen«; »die Sprache aller Welt«).

Praxis

Vorschlag A: Alle hatten die gleiche Sprache

Sprachgemeinschaft bedeutet Macht und Einheit. Diese Erfahrung aus dem Text läßt sich auch in der modernen Welt jederzeit überprüfen. In den Tagen der »Kindheit des Menschen« erlebten Nomaden und Stadtbewohner, daß es nicht nur Türme und Mauern aus Stein gibt, sondern auch glänzende Fassaden, unüberwindbare Türme und Wälle aus Worten, tödliche Sprachbarrieren. Unzählige Versuche im Lauf der Menschheitsgeschichte waren nicht in der Lage, dieses Problem im Kern zu lösen.

1. Ein »Sprachturm« wird gebaut

In der Mitte der Gruppe liegt eine große Tapete oder mehrere zusammengeklebte Plakate. Jeder Teilnehmer erhält ca. zehn farbige Zettel (10×10 cm). Auf diese »Bausteine« kann nun jeder schreiben, welche Bedeutung für ihn Sprache hat. Es können ganz persönliche Erfahrungen mit Sprachen oder Dialekten sein, aber auch generelle Beurteilungen (z.B. »Sprache schafft Verbindung«); auch Redewendungen usw. haben Platz (»du sprichst nicht meine Sprache«, »Reden ist Silber, Schweigen ist Gold«).

Mit ein wenig Geschick kann aus den Bausteinen ein Turm gebaut werden. Vielleicht passen bestimmte Aussagen auch an typische Orte in der Konstruktion (z.B. »wer spricht, trägt Verantwortung für seine Worte« könnte Teil eines tragenden Pfeilers sein).

Sicher wird bereits während des Bauens ein Austausch über die Ambivalenz des Sprachturmes beginnen. Denn er hat ja seine »zwei Seiten«: Er kann bergen und Sicherheit schenken, aber auch aussperren, er kann faszinieren, aber auch ängstigen.

Zur Fortsetzung des Gesprächs können die folgenden *Leitfragen* dienen:

- Wieviele Fremdsprachen beherrschen Sie? Mit wievielen Menschen könnten sie also »Türme bauen«, etwas Gemeinsames unternehmen, sich verständigen?
- Wie empfinden Sie es, wenn Sie aus irgendeinem Grund nicht »mitreden« können? (Sprachbarriere, fehlende Fachkompetenz, abgeschlossene Gesprächszirkel auf einem »gemütlichen Abend«, Dialektunterschiede . . .)
- Es gab immer wieder Versuche, regional oder sogar auf Weltebene eine »Einheitssprache« einzuführen. Welche zweiseitigen Wirkungen könnte eine solche Maßnahme haben? (Kommunikation, Begegnung, Manipulation, Verletzung . . .)

2. Die »Sprachentwirrung«

Der Leiter erinnert die Teilnehmer an die Erzählung von der Sprachverwirrung und liest dann die sumerische Variante dieses Themas vor:

An diesem Tage werden die Länder Schubur und Chamasi,
deren Sprache der Sumers entgegengesetzt ist
– Sumers, des Landes mit edler Kultur –,
On, das vornehme Land,
und die Länder der Nomaden, die in der weiten Steppe schlafen,
die ganze Welt, soweit sie bevölkert ist,
zu Enlil in einer Sprache reden . . .
Enki, der Herr des Überflusses, dessen Worte zuverlässig sind,
der Herr der Weisheit, der das Land kennt,
der Fürst der Götter, begabt mit Weisheit, der Herr von Eridu,
wird alle vorhandenen Sprachen in ihrem Munde verwandeln.
Die Sprache der Menschheit wird dann eine sein.

Die Teilnehmer werden sofort merken, daß die Aussagerichtung der sumerischen Erzählung eine andere ist als in Gen 11. Sie versuchen, den Handlungsablauf in Gen 11 festzustellen. In Untergruppen sollen nun die beiden Texte miteinander verglichen werden. Eine Tabelle kann zur anschließenden Auswertung hilfreich sein.

	Genesis 11	Sumerischer Text
Ausgangssituation	Eine Sprache, dieselben Worte	entgegengesetzte Sprachen
Ergebnis	verschiedene Sprachen, Zerstreuung	eine Sprache (im Mund verwandelt)
Von welchen Menschen ist die Rede?	Nomaden (»aufbrechen« = Zeltpflöcke ziehen; V. 2) Stadtbewohner (Lehmziegel)	Nomaden Stadtbewohner (edle Kultur)
Zu wem reden die Menschen?	zueinander (V. 3)	zum Gott Enlil
Eigenschaften und Ziele der Menschen	schöpferisch, mächtig, geeint, fast allmächtig	teils kulturell entwickelt, teils Naturmenschen
Eigenschaften Gottes	»wir«, als vielfältige Einheit	weise, Herr des Überflusses
Handeln Gottes	verwirrt, zerstreut	verwandelt, eint

Frageimpulse:

- Welches Gottes- und Menschenbild steht hinter den beiden Texten? (Vgl. für Gen 11 noch Ps 8,6–10: auch dort »Name«!)
- Worin besteht der eigentliche »zweite Sündenfall«, der in Gen 11 geschildert ist? (Autonomie des Menschen, Verleugnung der Geschöpflichkeit; die Menschen sind nicht mehr »Bild Gottes«, sondern wollen sein »wie Gott«.)

Auf dem Hintergrund der neuzeitlichen Autonomiebestrebungen kann es evtl. interessant sein, die Unterschiede in der

Gott-Mensch-Beziehung zwischen dem sumerischen und dem biblischen Text herauszuarbeiten. Während in der altorientalischen Vorstellung der Mensch »Diener« Gottes ist, wird er im biblischen Zeugnis zum »Partner« des Schöpfers, zum Ebenbild. Erst durch diese Freigabe wächst die Versuchung zur völligen Verselbständigung und zum Ausbruch aus der Geschöpflichkeit.

3. Am Ende der Einheit können die Teilnehmer sich selbst die Frage stellen, wem sie sich bei ihren alltäglichen oder besonderen Tätigkeiten verantwortlich fühlen, wer ihre »Partner« oder »Herren« sind. Für den, der dabei zur Erkenntnis gelangt, daß Gott für ihn in diesem Zusammenhang nicht die Hauptrolle spielt, kann der Text Gen 11 zur Anfrage werden.

4. In einer kurzen Meditation faßt der Leiter Gedanken und Gespräche der Runde zusammen. Elemente dieses Abschlußgebetes können z.B. sein:

- Ich bin mit meiner Sprache und meinen Fähigkeiten als Bild des Schöpfers gemeint.
- Meine Worte und Handlungen zeigen dies oft nicht.
- Trümmer der Mitmenschlichkeit bleiben als Barrieren und Stolpersteine zurück.
- Gemeinsame Ausrichtung zu Gott als Partner und Wegweiser zeigt uns Auswege.

Neutestamentliche Impulse:

Mt 20,25 (Herrschen und Dienen)
Mk 14,27 (Zerstreuung der Jünger: wie geht es weiter?)
Lk 3,4 ff (Heil, das von Gott kommt, alle Zerstreuung und Trennung beendet)

Vorschlag B: Das Ende des Anfangs – der Anfang am Ende

Die Tiefpunkte menschlicher Erfahrung in Gen 3, 4 und 11 finden eine hoffnungsvolle Fortführung in der Pfingsterzählung. Im geisterfüllten Miteinander der Menschen blüht eine neue Dimension des Verstehens jenseits aller Sprachlichkeit auf. Im Glauben-Können endet der Zwang zum Bauen-Müssen. Dennoch bedrängen vielfache Zwänge den Menschen weiterhin. Eine kreative Beschäftigung mit den Texten soll die Teilnehmer ermutigen, die Endgültigkeit von gegenwärtigen Erfahrungen in Frage zu stellen. Wie nach dem dramatischen Finale der Urgeschichten ein neuer Anfang in der Abrahamserzählung folgt, so beginnt auch mit dem Tod Jesu Neues. Völkerzerstreuung und Jüngerflucht, Sammlung des Volkes Israel als Beginn der Völkerwallfahrt zum Zion und die Verkündigung des Evangeliums als Beginn einer neuen Welt entsprechen sich. Auch im Lebensbereich jedes Menschen gibt es beide Pole: Fremdheit und Geborgenheit, Vertriebensein und Gesuchtwerden, Babel und Jerusalem.

1. Als »Türe« in die Erfahrungswelt der Urgeschichte vom Turmbau sollen die Teilnehmer *eigene Empfindungen gegenüber ihrer Umwelt* darstellen. Der Leiter zeigt einige Beispiele für Gesten, die das Miteinander oder Gegeneinander von Menschen verdeutlichen:

– gebücktes Gehen = Unterdrückung
– geballte Faust = Kampf, Haß
– schützende Hand vor den Augen = Angst
– gerade Haltung, hocherhobener Kopf = Sicherheit
– ausgestreckter Arm = Herrschaft
– auf der Brust überkreuzte Arme = etwas festhalten wollen

Die Teilnehmer können selbst neue Haltungen und Gesten erfinden, die sie zur Musik immer neu einbringen können. Auf diese Weise wird es möglich, nicht nur *über* Empfindungen Erfahrungen usw. zu sprechen, sondern diese in der Gruppe auszutauschen. Es geht nicht mehr um Adam und Eva, um Kain und Abel, um die Menschen in Babel allein, sondern um jeden Teilnehmer. Jeder mag sich spielerisch hineinversetzen in biblische Personen oder in Menschen aus seinem Lebensbereich. Begegnungen zwischen den Teilnehmern während des Tanzes schaffen neue Kombinationen und unterstreichen die jeweilige Haltung (z.B. wenn gebücktes Gehen und Herrschgebärde sich begegnen).
Manche Kombinationen wirken sehr provozierend und sind schwer auszuhalten. Gerade dann sollte aber die eingenommene Haltung nicht sofort gelöst werden, sondern erst nach einigen Sekunden (z.B. könnte die Herrschgebärde zu einem Gestus des Emporhebens oder ebenfalls der Erniedrigung werden). Auch im täglichen Leben brauchen Veränderungen der Haltung ja ihre Zeit.
Als Musik zum Tanz selbst eignen sich Stücke, die möglichst offen sind zur phantasievollen Interpretation (z.B. Synthesizermusik wie »Equinoxe«).

Variante: Manche Gruppen, die noch zu wenig miteinander vertraut sind, scheuen sich vor einem unmittelbaren Ausdruck ihrer Erfahrungen. Hier kann mediale Vermittlung angebracht

sein: Anstelle des Tanzes bietet sich die Möglichkeit, mit Hilfe von Orff-Instrumenten, Flöten (oft in Dekanats- und Diözesanmedienstellen auszuleihen) oder auch mit selbstgebastelten Klangkörpern (Schachteln, Dosen, Stäben, Glocken usw.) Erfahrungen und Empfindungen zu verklanglichen.
Es schließt sich ein *Erfahrungsaustausch* an, in dem einzelne (freiwillig!) mitteilen können, wie es ihnen ergangen ist und welche Gesten oder Mitteilungen sie am stärksten angesprochen haben. Ziel des ersten Abschnittes ist es, Grundhaltungen herauszustreichen, die viele Menschen prägen (Mehr sein wollen, Hoffnung haben, Angst haben, enttäuscht sein, Konkurrenz . . .).

2. Als Entsprechung zu den Erfahrungen der Teilnehmer sollen nun *die Texte Gen 3, Gen 4 und Gen 11 nebeneinandergestellt* werden. Die drei »Urgeschichten« werden auf drei Gruppen verteilt und nach folgenden Gesichtspunkten befragt:

- Welche Ausgangssituation liegt vor? Wie geht es den Menschen in ihrem Verhältnis zueinander, zur Welt und zu Gott?
- Wie verändert sich diese Lage im Laufe der Geschichte?
- Welche Motive bestimmen das Handeln des Menschen?
- Welche Rolle spielt dabei die Sprache?
- Bietet die Erzählung eine Möglichkeit zur Fortsetzung oder endet sie zukunftslos?

Bei der Auswertung im Plenum sollten die gemeinsamen Linien der drei Texte auf ein Plakat geschrieben werden:

- Guter Beginn
- Der Mensch will mehr
- Gott spricht das letzte Wort, einen Fluch

Während Gen 3 und 4 den Aspekt der Vertreibung *und* des Schutzes durch Gott umfassen, scheint Gen 11 nur die Vertreibung zu kennen.
Im Gruppengespräch soll nun deutlich werden, daß eine Beendigung der Bibel mit der Turmbaugeschichte tatsächlich das absolute »Ende« wäre. Die Urgeschichten haben von einem gloriosen Höhepunkt zu einem Tiefpunkt geführt (während der Auswertung der Gruppenergebnisse kann die folgende Graphik entstehen):

Gott sah,
daß es gut war
Gott, Mensch und Tier
sind eins, sie sprechen
eine Sprache

Versuchung
des Baumes
Der Mensch will mehr
(sein wie Gott)

Verlust des
Paradieses

Versuchung
der Eifersucht
Kain will mehr
(sein wie Abel)

Verlust
der
Heimat

Versuchung
der Macht
Die Menschen
wollen mehr
(sein wie Gott)

Verlust
des Landes
der Einheit
der Sprache

DIE ENTWICKLUNG
DER MENSCHEN –
EIN VERLUSTGESCHÄFT?

Der Leiter kann nun die sich aufdrängende Frage formulieren:

- War das Ende in der Zerstreuung vorprogrammiert?
- Ist die »Versuchung« eine Schwachstelle in der Schöpfung? Oder ist sie die notwendige kulturelle Triebfeder?
- Ließe sich die Graphik als Negativschablone verstehen und auch umkehren? Wird darin nicht gerade die Möglichkeit einer positiven Entwicklung deutlich?

Die Gruppe versucht nun gemeinsam eine »Gewinnkurve« zu erstellen. Jeweils an den neuralgischen Punkten »Versuchung« muß nun eine sinnvolle Alternativentscheidung begründbar sein. Dabei müßte es vor allem um die Frage gehen: Wie gestaltet sich das Verhältnis Gott–Mensch?
Ziel der Aktion ist es, zu verdeutlichen, daß eine Entwicklung zum Negativen nicht zwangsläufig eintreten muß. Vielmehr steht an jedem »Versuchungspunkt« eine Entscheidung an. Nach einer Negativentscheidung, die zum Verlust führt, kann auch wieder eine Positiventscheidung folgen. Der Jahwist stellt allerdings anscheinend bewußt eine kontinuierliche Linie des Scheiterns dar. Warum? An welcher Stelle der Graphik müßte er seine eigene Position einzeichnen?

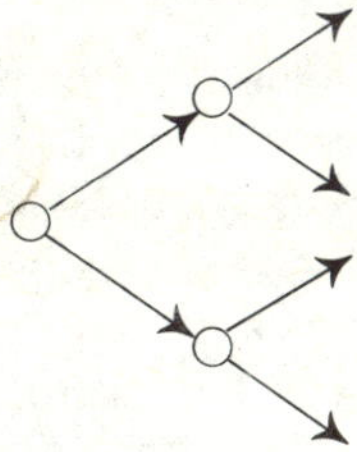

ENTSCHEIDUNG
ALS BÜRDE
– ALS CHANCE
UND RISIKO

4. Wer die doppelte Entscheidungsmöglichkeit der »Versuchungspunkte« ernst nimmt, wird in den Ur-fluchgeschichten auch Ur-segensgeschichten erkennen. Der Mensch erhält zwar die Bürde der Entscheidung. Gott läßt ihn aber damit nicht allein. Inwiefern wird das in der Turmbaugeschichte deutlich? (Das andauernde »sein-wollen-wie« wird zerschlagen und damit der Ballast des Leistungszwanges abgeworfen.)
In Zweiergruppen unterhalten sich die Teilnehmer über die These: »Am Ende der Urgeschichten steht die Chance der Stunde Null«.

Impulse:
- Freiheit von Angst, denn es kann nur noch besser werden.
- Angewiesenheit auf einen, der hilft; neues Vertrauen zu Gott.
- Das »Glück des Anfangs« ist nicht nur sprichwörtlich. Wer schon weit gekommen ist, wird oft leichtsinnig und macht Fehler, ein »Anfänger« kommt häufig sicherer ans Ziel.

5. Meditation: »Leben aus dem Anfang«. Der Leiter faßt die Gespräche und Gedanken zusammen. Er greift nochmals die Bilder der Verlust- und Gewinnkurve auf und beschreibt den Platz des Menschen als zwischen den beiden:

Enttäuschung Verlust ↘ Fehler		↗ Hoffnung Gewinn neue Wege	vgl. dazu Phil 3,7 1 Kor 10,12 f
	neue Entscheidung		

End-gültig gewinnbringendes Leben läßt sich nicht aus eigener Kraft und Sicherheit bewältigen. Es existiert nur als Geschenk. Immer neu darf sich der glaubende Mensch nach all seinen Mißgriffen hinstellen, die Hände öffnen, sie sich leeren und aufs neue füllen lassen. Ein andauernder »Anfänger vor Gott« wird den größten Gewinn spüren und weiterschenken dürfen.

Die Gruppe sitzt nun im Kreis. In der Mitte brennen mindestens so viele Kerzen wie Teilnehmer anwesend sind. Der Leiter vergleicht nun das Licht mit dem von Gott in der Schöpfung geschenkten Licht des Menschen. Licht, das sind seine Fähigkeiten, seine Besonderheit, seine Schönheit.
Der Leiter beginnt nun eine Erfahrung zu formulieren, die er als zerstörend, als verdunkelnd empfunden hat. Anschließend löscht er eine Kerze. Die Teilnehmer tragen ihrerseits Erfahrungen zusammen, denken an Menschen, die leiden oder Leid zufügen. Reihum können solche Dunkelheiten ausgesprochen werden, bis die letzte Kerze gelöscht ist.
Der Leiter kann nun sagen: »Mit manchem Menschen stehen wir nun im dunkeln. Auch in uns ist vieles dunkel. Leer sind meine Hände.«
Gemeinsam kann nun ein ruhiges »Herr, erbarme dich« (z.B. Janssens) gesungen werden. Nach einiger Zeit zündet der Leiter eine Kerze wieder an und liest Apg 2,1–13 vor.
Dann sagt der Leiter: »Mit manchem Menschen stehen wir auch am Anfang. Vieles in uns will neu beginnen. Der Geist

Gottes kann verwandeln und einen. Leer sind meine Hände. Fülle du sie!«

Entsprechend zu den Erfahrungen und Gedanken, die beim Löschen der Kerzen ausgesprochen wurden, kann sich nun ein freies Gebet anschließen, zu dem jeder eine Bitte, einen Dank, eine Hoffnung beiträgt. Dabei werden nach und nach die Kerzen wieder angezündet.

Als Abschluß des Gebetes und als Zeichen des Vertrauens darauf, daß im Geist Gottes die »babylonische Zerstreuung« auch in uns besiegt wird, kann die Gruppe das Lied singen »Wir sind einig im Geiste«.

Das Fundament für Israel

Genesis 12,1–9

Gen 12,1–3 ist für die jahwistische Geschichtserzählung und für den ganzen Pentateuch nach der Urgeschichte mit ihrem negativen Bild wie eine strahlende Ouvertüre, die konzentriert die Themen zusammenfaßt, die die Heilsgeschichte Israels bestimmen, und den Neubeginn Gottes trotz der Sünde in der Menschheit aufzeigt. Der Weg zum Heil für alle Stämme der Erde wird dabei an Abraham-Israel gebunden.

Der Auftrag Gottes an Abraham und die Verheißungen deuten grundlegend die Geschichte Israels in der Völkerwelt. Die Grundlage für die Existenz Israels und die Rolle des Volkes inmitten der Völkerstämme wird an der Einzelperson Abraham, dem Stammvater Israels, und damit dem Prototyp des Volkes verdeutlicht; denn Abraham ist Israel. Die Reaktion Abrahams auf den Ruf und die Verheißungen Gottes in Gen 12,1–3 wird in 12,4–9 (JP) erzählt. Ein solcher Text wie Gen 12,1–3 steht nicht am Anfang, sondern ist das Ergebnis theologischen Nachdenkens.

Der Herr sprach zu Abram: Zieh weg aus deinem Land . . . (12,1)

Die (Ur-)Geschichte Israels beginnt mit der Initiative Jahwes (EÜ: der Herr), mit einem Befehl, wie auch die Existenz der Welt auf Befehle Gottes zurückgeführt wird (Gen 1). Der Befehl Gottes ergeht an Abram (ab Gen 17: Abraham), der mit seiner Frau kinderlos ist (11,30). Ein kinderloses Ehepaar hatte weder eine Zukunft noch war es außerhalb der Sippe und Großfamilie geschützt. Der Befehl Gottes, Abraham solle aus seinem Land, seiner Verwandtschaft und sogar aus seinem Vaterhaus (Großfamilie) ausziehen, verschärft die Not der Kinderlosigkeit dadurch, daß Abraham auch noch des Rückhalts in Sippe und Familie beraubt wird.

Dies alles gilt als Aussage dafür, daß Israels Anfang ohne menschliche Sicherheiten war und alles, was es inzwischen erreicht hat, letztlich von Gott kommt, der Israel seine Zukunft geschenkt hat. Der Auszug Abrahams ist die Voraussetzung für das Neue, in das Abraham gerufen ist. Doch Gott ruft nicht ins Leere. Das Ziel für Abraham-Israel ist ein Land, das Jahwe ihm »zeigen wird« (V. 2). Es ist kein von Abraham-Israel selbst ausgesuchtes, sondern ein von Jahwe ihm zugedachtes Land. Deshalb ist es nicht gleichgültig, wo Abraham-Israel sich niederläßt und lebt. Abraham-Israel kann nur dort Leben und Heil finden, wohin es sich von Jahwe führen ließ.

Der gesegnete Abraham als Segen für andere (12,2f)

Das wichtigste Wort der beiden Verse ist »segnen« bzw. »Segen«. Es wird fünfmal gebraucht und steht damit in Kontrast zu den fünf Fluchworten in der Urgeschichte (vgl. Gen 3,14.17; 4,11; 5,29; 9,25). Abraham erhält drei Zusagen. Schon mit der ersten Zusage, Abraham werde ein großes Volk werden, greift der Verfasser über das Interesse eines Nomadenführers hinaus und interpretiert die Geschichte Israels seit Abraham. Zur Zeit Davids und Salomos im 10. Jahrhundert hatte Israel eine zahlenmäßige Größe und großes Ansehen (»Name«) erreicht (vgl. 2 Sam 7,9; 1 Kön 10). Unter den beiden Königen waren die zwölf Stämme Israels geeint und sogar einige Nachbarvölker unter die Herrschaft Jerusalems gebracht worden. Doch will der Verfasser jeder Gefahr eines nationalen Stolzes und Überlegenheitsgefühles entgegentreten. Er weist darauf hin, wem Israel seine Größe und seinen Ruhm verdankt: Jahwe. Durch die Gottesrede wird zum Ausdruck gebracht, daß die großartige Entwicklung Israels von seinen bescheidenen Anfängen (vgl. 11,30) bis zur großartigen Gegenwart ihren Grund allein im Einsatzwillen Jahwes hat.

Die Zusage des Segens steht in V. 2 im Zentrum der ersten Verheißungsreihe. »Segen« bedeutet Fruchtbarkeit, Lebenskraft, Fülle des Lebens. Die große Geschichte Israels wird theologisch gedeutet; in ihr hat Jahwe »segnend«, lebensspendend gewirkt. Israel soll sich selbst als gesegnetes Volk, nicht als Volk aus eigener Macht und Stärke verstehen. Als solches soll es selbst auch zum Segen für andere werden. Es verkörpert das Gesegnetsein durch Jahwe und kann so auf andere ausstrahlen. In V. 3 wird verdeutlicht, wie und wer den Segen durch Abraham-Israel erlangt. Es liegt am Verhalten zu Abraham-Israel. An der Stellungnahme zu ihm entscheidet sich, ob der Segen von Jahwe, der auf Abraham-Israel liegt, sich verbreitet oder nicht.

Ich will segnen, die dich segnen . . . (12,3)

Ob die Umwelt Abrahams von Jahwe gesegnet wird, konkret: mit Leben, Fruchtbarkeit, Ruhm ausgestattet wird, hängt von ihrer Einstellung zu Abraham-Israel ab. Wer Abraham segnet, d. h. ihn als Gesegneten Jahwes anerkennt (vgl. aus den Abrahamerzählungen Gen 14,19; aus den Isaakerzählungen Gen 26,28f), Gemeinschaft mit ihm sucht, sich loyal und solidarisch zu ihm verhält, gut von ihm spricht (dies alles kann das hebräische Wort für »segnen« bedeuten), erlangt für sich selbst den Segen Jahwes. Wer dagegen Abraham-Israel verwünscht (wörtlich: klein macht, verächtlich behandelt), den bedroht Jahwe mit seinem Fluch: die Gemeinschaft mit Gott ist aufgehoben; die Lebenskraft geht verloren.
Für den Schlußsatz von V. 3 »In dir (unter Berufung auf dich) sollen alle Geschlechter der Erde Segen erlangen (sich Segen wünschen)« gibt es verschiedene Übersetzungs- und damit Verständnismöglichkeiten; er zieht die wichtigste Folgerung aus dem Segen für Abraham-Israel und erläutert den Segenswillen Jahwes in V. 2 näher. Der Segen ist nicht auf Abraham-Israel beschränkt. Er gilt auch nicht nur für die, die unmittelbar im Umfeld Abraham-Israels leben. Er erstreckt sich auf »alle Geschlechter der Erde«, die sich mit Hinweis (unter Berufung) auf Abraham Segen wünschen. Abraham-Israel ist das Zeichen, an dem Gott seine Heilsmacht sichtbar gemacht hat, damit die anderen Völker darauf aufmerksam werden, was es heißt, von Jahwe gesegnet zu sein, und sich so zu Abraham-Israel bekennen und dann Anteil an dem Israel zugedachten Segen erlangen. Abraham-Israel ist nicht zu seinem eigenen Ruhm gesegnet, sondern zum Heil der ganzen Menschheit. Dies bedeutet für »alle Stämme der Erde« (*'adama*) einen qualitativ neuen Anfang, im Gegensatz zur Urgeschichte (Gen 1–11), in der davon die Rede ist, daß die Erde (*'adama*) wegen der Sünde des Menschen unter dem Fluch Gottes stehe (3,17b).

Mit Gen 12,2f könnte man Betrachtungen zum Antisemitismus und seiner Wirkung auf einzelne und auf ganze Völker verbinden. Bekannt ist auch die Aussage, Israel sei seit der Kreuzigung Jesu ein verfluchtes Volk. Damit wird im Grunde Israel im Sinne von Gen 12,3a »klein gemacht«, »geschmäht«. Theologisch gesehen steht jeder Antisemitismus unter dem Gotteswort von V. 3b: »Wer dich gering schätzt . . .«

Abrahams Auszug und seine Ankunft in Kanaan (12,4–9)

Abraham tut, was ihm aufgetragen wird. Er verläßt (nach V. 4b.5/Priesterschrift: mit seiner Großfamilie und allem Hab und Gut – dies steht in Spannung zu V. 1) seine bisherige Umwelt, ausgestattet mit dem Versprechen Gottes. Das Ziel ist Kanaan, das Land, das für Abraham-Israel bestimmt ist. Nur dort ist der Platz, wo Abraham-Israel den Segen Jahwes erlangen und Größe und Ansehen gewinnen kann. Dabei soll sich Israel, wie Abraham, auf Jahwe und seine Verheißungen verlassen. In Kanaan werden verschiedene Stationen genannt, die Abraham berührt: Sichem, das Gebiet zwischen Bet-El und Ai, der Negeb, Orte, die mit Jakob-Israel (Sichem und Bet-El im Nordreich Israel) und Isaak (Negeb im Süden) verbunden sind. Sie werden für den Anfang Israels in Abraham reklamiert. Dadurch bildet Abraham die politisch-religiöse Klammer zwischen dem Norden und Süden des verheißenen Landes. Durch den Bau von Altären in Sichem, einem alten heiligen Ort, und im Gebiet von Bet-El und Ai und durch die Anrufung des Namens Jahwe durch Abraham – historisch ein Anachronismus, denn der Gott »Jahwe« wurde Israel wohl erst durch Mose bekannt gemacht (vgl. Ex 3; 6) – werden diese Orte mit Jahwe schon von Anfang an verbunden.

V. 7, ein Gotteswort an Abraham, ist für Israel wichtig. Es wird die Frage beantwortet: Wem gehört das Land der Kanaaniter mit Recht (vgl. V. 6b); auf welchem Territorium soll das große Volk erstehen (vgl. V. 2)? Als Objekt der Landgabe werden die Nachkommen Abrahams genannt, also das spätere Israel, vor allem das »große Volk« der Davids- und Salomozeit. Ihm ist das Land übergeben. Es hat darauf ein Besitzrecht. Mit der Landverheißung an Abraham zugunsten seiner Nachkommen begründet der Erzähler das Recht Israels auf den Besitz des kanaanitischen Landes von Anfang an; es gründet in der Urzeit und wird auf Jahwe zurückgeführt – eine höchst politische Aussage.

Praxis

Vorschlag A: Die Frage nach Gott – heute

1. Der Name Abram oder Abraham dürfte den Gesprächsteilnehmern zwar allgemein bekannt sein, doch wird man genaue Kenntnisse der Vätergestalt kaum voraussetzen dürfen. Deshalb ist es sinnvoll, eventuell mit Hilfe von Dias zu Beginn einen Überblick über die Wanderungsbewegungen im Orient zu geben. Dafür eignet sich sehr gut: J. Zink, Bildwerk zur Bibel, Bd. 1, Bild 1–36 (in Auswahl). Dabei ist aber unbedingt darauf zu achten, daß aus der Einführung nicht die Vorstellung abgeleitet werden kann, Gen 12,1–9 sei als historischer Bericht geschrieben. Die Einführung soll lediglich die Welt vorstellbar

machen (und natürlich auch geschichtliche Grundlagen vermitteln), in der die Urväter Israels gelebt haben. Wesentlich für das Verständnis des Textes bleibt die Tatsache, daß sich in ihm die Glaubenserfahrungen erzählerisch verdichtet haben, daß das Volk nicht in menschlicher Sicherheit, sondern im Ruf und in der Zusage Gottes gründet (s. Auslegung).

2. Da es in Gen 12 letztlich nicht nur um Abraham geht, sondern um Gott und das Vertrauen auf seine Gegenwart, könnte man die Möglichkeit des Sprechens von Gott in den Mittelpunkt des Gespräches rücken. Wie unterschiedlich von Gott gesprochen werden kann, wird deutlich, wenn man kontrastierende Texte einander gegenüberstellt und sie vom biblischen Zeugnis her hinterfragt. Hier je ein Abschnitt aus dem Katholischen Katechismus von 1955 (Freiburg/Düsseldorf 1956, S. 17f) und aus einer Antwort Karl Rahners auf die Frage einer Jugendlichen nach dem Vorauswissen Gottes (in: K. Rahner, Mein Problem, Herder Verlag Freiburg 1982, S. 25–27):

Gott ist nicht nur im Himmel; er ist auch auf Erden und an allen Orten. Überall ist Gott uns nahe: »In ihm leben wir, bewegen wir uns und sind wir« (Apg 17,28). Gott ist allgegenwärtig ... Gott erfüllt die ganze Schöpfung, und doch ist er an keinen Ort gebunden und wird von keinem Raum umschlossen. Himmel und Erde können ihn nicht fassen. Gott ist unermeßlich. Gott sieht alles und hört alles. Mit besonderer Liebe schaut er auf uns Menschen und hört auf unser Gebet. Er schaut uns nicht nur ins Angesicht, sondern auch ins Herz. Er vernimmt nicht nur unsere Worte, sondern auch unser innerstes Flehen. Gott weiß alles. Er weiß um das Vergangene, das Gegenwärtige und das Zukünftige; er kennt sogar unsere geheimsten Gedanken und Wünsche ... Gott ist allwissend. (Katholischer Katechismus)

Du mußt nicht meinen, daß es für Deine Frage eine wirklich durchschaubare Lösung gibt. Überall dort, wo Gott ins Spiel kommt, darf die Antwort gar nicht so sein, daß wir, wenn wir sie hören, mit einem ›Aha, jetzt ist die Sache klar‹ reagieren könnten. Eine solche Antwort wäre sicher falsch, weil wir ja dann mit unserer ›Lösung‹ die Unbegreiflichkeit Gottes, ohne die er gar nicht wirklich Gott wäre, eingefangen und bewältigt hätten ... Darum werden wir als weise Menschen und als gläubige Christen sagen müssen: In meiner Existenz ist Freiheit und Verantwortung gegeben, ich kann mich aus dieser Verantwortung nicht herausstehlen mit der Berufung darauf, Gott habe mich dazu ›prädestiniert‹ ... Gott weiß auch in seinem unendlichen Wissen die Geschichte meiner Freiheit immer. Sie steht in ihrer Zeitlichkeit stets vor seiner einfachen Ewigkeit ... In einem gewissen Sinn kann man sagen: Nur der Christ bringt es eigentlich fertig, Gott Gott sein zu lassen, ihn nicht in das von uns selbst errichtete Koordinatensystem als einen bestimmten Punkt einfangen und fixieren zu wollen. (Karl Rahner)

Die Teilnehmer versuchen in Kleingruppen, das Reden von Gott in den beiden Texten in Beziehung zueinander zu setzen und dabei die Frage in den Vordergrund zu stellen, inwieweit diese Aussagen über Gott dem biblischen Zeugnis Rechnung tragen. (Dabei wird es darauf ankommen, das »Sicherheitsbedürfnis« des Menschen gerade auch in Fragen der Religion kritisch ins Gespräch zu bringen.)

3. Die Ergebnisse der Kleingruppen werden ausgetauscht. Den Abschluß bildet eine Betrachtung des bekannten Abraham-Bildes aus der Wiener Genesis (Maria Laach, Kunstkarte Nr. 7766).

Vorschlag B: Israel, der »Segen« für die Völker

Die Bibelarbeit stellt Gen 12,2f in den Mittelpunkt der Überlegungen. Im Anschluß an die Auslegung (s. S. 86) schlage ich vor, das Problem des Antisemitismus in Geschichte und Gegenwart zu thematisieren.

1. Der Gesprächsleiter liest Gen 12,1–9 vor. Dann werden die Gesprächsteilnehmer aufgefordert, die Begebenheit so, wie sie im Gedächtnis haften geblieben ist, noch einmal aufzuschreiben. Vier Texte werden dann im Plenum vorgelesen. Nach nochmaligem Vorlesen des Bibeltextes wird im Gespräch überlegt, welche Einzelheiten den Teilnehmern noch präsent waren und warum andere in den Hintergrund getreten sind.

2. Der Gesprächsleiter stellt dann den Aspekt in den Vordergrund, der Israel die Funktion zuspricht, Segen für die Völker zu sein (V. 2f). Die Tatsache, daß das nicht immer verstanden worden, mitunter sogar militant geleugnet worden ist (auch von den christlichen Kirchen), wird in den Mittelpunkt des Gesprächs gerückt. Dazu als Illustration eine Äußerung des Bischofs Cyprian von Karthago († 258) (aus: Suchen und Glauben 7./8. Schuljahr Teil II, Bernward-Verlag Hildesheim 1979, S. 233):

»Aber nicht nur darauf, geliebteste Brüder, müssen wir achten und merken, daß wir Gott einen ›Vater‹ nennen, ›der im Himmel ist‹, sondern wir fügen noch etwas hinzu und sagen: ›Vater *unser*‹, das heißt: (Vater) derer, die glauben, (Vater) derer, die durch ihn geheiligt und, durch die Geburt der Geistesgnade erneuert, Söhne Gottes geworden sind. Dieser Ausdruck enthält auch einen Vorwurf und eine Zurückweisung für die Juden, weil sie Christus, der ihnen durch die Propheten angekündigt und zu ihnen zuerst gesandt worden war, nicht nur ungläubig verachtet, sondern auch grausam getötet haben. Sie können nun Gott nicht mehr ihren Vater nennen.«

Aufschlußreich sind auch die beiden Kirche und Synagoge darstellenden Frauengestalten am Straßburger Münster.

3. Es gibt markante Zeichen dafür, daß in jüngster Zeit ein Umdenken begonnen hat. Auch hier seien zwei Texte zitiert: die »Erklärung über das Verhältnis der Kirche zu den nichtchristlichen Religionen« des 2. Vatikanischen Konzils und ein Auszug aus der Erklärung einer evangelischen Synode. Davon ausgehend werden die Gemeinsamkeiten zwischen Juden und Christen erörtert und (wo von den äußeren Bedingungen her möglich) Wege gesucht, zum Verständnis von Juden und Christen beizutragen.

Obgleich die jüdischen Obrigkeiten mit ihren Anhängern auf den Tod Christi gedrungen haben, kann man dennoch die Ereignisse seines Leidens weder allen damals lebenden Juden ohne Unterschied noch den heutigen Juden zur Last legen. Gewiß ist die Kirche das neue Volk Gottes, trotzdem darf man die Juden nicht als von Gott verworfen oder verflucht darstellen, als wäre dies aus der Heiligen Schrift zu folgern . . . Auch hat ja Christus, wie die Kirche immer gelehrt hat und lehrt, in Freiheit, um der Sünden aller Menschen willen, sein Leiden und seinen Tod aus unendlicher Liebe auf sich genommen, damit alle das Heil erlangen. So ist es die Aufgabe der Predigt der Kirche, das Kreuz Christi als Zeichen der universalen Liebe Gottes und als Quelle aller Gnaden zu verkünden. (2. Vatikanisches Konzil 1965)

(7) Durch Jahrhunderte wurde das Wort »neu« in der Bibelauslegung gegen das jüdische Volk gerichtet: Der neue Bund wurde als Gegensatz zum alten Bund, das neue Gottesvolk als Ersetzung des alten Gottesvolkes verstanden. Diese Nichtachtung der bleibenden Erwählung Israels und seine Verurteilung zur Nichtexistenz haben immer wieder christliche Theologie, kirchliche Predigt und kirchliches Handeln bis heute gekennzeichnet. Dadurch haben wir uns auch an der physischen Auslöschung des jüdischen Volkes schuldig gemacht . . .

(8) Indem wir umkehren, beginnen wir zu entdecken, was Christen und Juden gemeinsam bekennen:

Wir bekennen beide Gott als den Schöpfer des Himmels und der Erde und wissen, daß wir als von demselben Gott durch den aaronitischen Segen Ausgezeichnete im Alltag der Welt leben.

Wir bekennen die gemeinsame Hoffnung eines neuen Himmels und einer neuen Erde und die Kraft dieser messianischen Hoffnung für das Zeugnis und das Handeln von Christen und Juden für Gerechtigkeit und Frieden in der Welt. (Zur Erneuerung des Verhältnisses von Christen und Juden. Synode der Evang. Kirche im Rheinland 1980)

Der erste Sündenfall Abrahams

Genesis 12,10–13,4

Nomaden sind davon abhängig, ob das Land, in dem sie umherziehen, ihnen und ihren Herden genügend Nahrung gibt. Eine Hungersnot ist ein triftiger Grund, in ein anderes Gebiet zu ziehen und dort das Weiderecht in Anspruch zu nehmen; dadurch begab man sich aber unter den Schutz eines fremden Herrn. Der Nomade hatte zu fürchten, von den Kulturlandbewohnern ausgenutzt zu werden. So mußte Abraham damit rechnen, daß ihm die schöne und offenbar noch junge Sara genommen und in den Harem des fremden Herrschers aufgenommen wurde; der rechtmäßige Ehemann mußte dabei um sein Leben bangen (vgl. 2 Sam 11 f). Doch greift in der Erzählung Gen 12,10–20 Abraham zu einer List, über die man sich sicher in der alten Zeit gefreut hat. Er gibt Sara als seine Schwester aus. Als Bruder der schönen Sara geht es Abraham gut. Der Pharao gibt ihm reichlich das, was ein Nomade sich wünscht (Tiere, Knechte, Mägde). Auch über die Folgen, die über den Pharao kamen, werden die Zuhörer sich gefreut haben. Dem Pharao, dem König einer Großmacht, bekommt es nicht gut, daß er Sara zur Frau genommen hat. Der fremde Herrscher wird mit Plagen bestraft. Er muß Sara wieder freigeben und dazu noch all das, was Abraham gehörte, einschließlich der Geschenke. Außerdem: der Gott Abrahams erweist sich als der Stärkere. Er schützt die Seinen.

Der Jahwist hat die Erzählung nicht deshalb in sein Geschichtswerk aufgenommen, um die Schlauheit Abrahams zu zeigen. Der Text ist im Zusammenhang mit Gen 12,1–9 zu sehen. Hier ging es u. a. um das zukünftige Land (vgl. V. 1.7). Abraham ist in das von Jahwe angekündigte Land gekommen. Er hat es durchzogen, hat die Verheißung erhalten, daß Jahwe seinen Nachkommen dieses Land zum Besitz geben wird. Nach 12,10 jedoch verläßt er mit Sara dieses Land, und zwar, ohne daß ihm sein Gott dies aufgetragen hätte. Damit setzt er auf zweifache Weise die Verheißungen aufs Spiel:

a) Er gibt das von Jahwe gezeigte und den Nachkommen verheißene Land auf.
b) Er gibt Sara preis.

Die Gefährdung der Landverheißung (12,10)

Abraham verläßt das Land, das seine Heimat als Wandernomade sein sollte. Der äußere Grund ist eine Hungersnot, an sich eine tödliche Bedrohung. Abraham sorgt deshalb – menschlich gesehen richtig – für seine Zukunft, jedoch im Verständnis des Erzählers, ohne auf Gott zu achten. Er handelt eigenmächtig und gefährdet die Erfüllung der Landverheißung und den Besitz des Landes für seine Nachkommen (12,7). Zwar scheint es so, als ob Abraham mit seinem eigenmächtigen Handeln recht hätte. Es geht ihm gut; er wird reich. Die List scheint sich zu lohnen.

Gefährdung der Verheißung, »ein großes Volk zu werden« (12,11–16)

Da in der jahwistischen Theologie eigenmächtiges Handeln, ohne Jahwe, nicht zum Guten führen kann, zieht Abraham Not auf sich (vgl. V. 12b). Zwar gelingt es ihm, auch dieses Unheil zu vermeiden. Er gibt seine Frau in den Harem des Pharaos. Dadurch gefährdet er, was Gott ihm nach 12,2 zugesagt hat: zu einem großen Volk zu werden, weil er die Stamm-Mutter Sara preisgibt; denn nur von Sara, der legitimen Ehefrau, konnte »das große Volk« kommen.

Unheil für den Pharao (12,17)

Das eigenmächtige Verhalten Abrahams bringt Unheil über die Fremden, obwohl doch eigentlich Abraham zum Segen werden sollte (vgl. V. 3). Worin das Unheil besteht, mit dem Gott den Pharao und sein ganzes Haus belegt, wird nicht näher ausgesagt, auch nicht, weshalb der Pharao weiß, daß ihn Abraham hintergangen hat. Es kommt dem Erzähler nur darauf an, zu zeigen: Das eigenmächtige Verhalten Abrahams bewirkt nichts Gutes. Der Erzvater gefährdet nicht nur das eigene Heil, sondern auch das der Mitmenschen.

Abraham, der Sünder (12,18f)

Die Preisgabe Saras wird als die eigentliche Sünde Abrahams betrachtet. Der Jahwist bringt die Auffassung, daß Abraham schuldhaft gehandelt hat, durch bestimmte Formulierungen zum Ausdruck, die die Erzählung zu einer Sündenfallerzählung machen:
In V. 17 wird zunächst von der göttlichen Strafe über den Pharao gesprochen. Daraufhin stellt der Pharao Abraham zur Rede:

18b Was hast du mir da angetan?
18c Warum hast du mir nicht kundgetan, daß sie deine Frau ist?

19a Warum hast du gesagt: Meine Schwester ist sie, so daß ich sie mir zur Frau nahm?

Diese Fragen sind Elemente eines (gerichtlichen) Verhörs. Mit der ersten Frage, der sog. Beschuldigungsformel (»Formel des Vorwurfs«, vgl. Gen 3,13; 4,10; 26,10 u.ö.) wird der Täter auf das Absonderliche seiner als rechtswidrig empfundenen Handlungsweise aufmerksam gemacht. Allerdings handelt es sich hier bei Gen 12,18f nicht um ein Gerichtsverfahren, das der Pharao gegen Abraham anstrengt, sondern um ein außergerichtliches Vorgehen des Betroffenen gegen den Schuldigen, um ein Zur-Rede-stellen Abrahams durch den Pharao. In V. 18c.19a wird die konkrete Schuld Abrahams aufgezeigt (vgl. Gen 3,11): Abraham hat Sara als seine Schwester ausgegeben, obwohl sie doch seine Frau ist. Dabei steht für den Erzähler im Hintergrund: obwohl sie die künftige Mutter des »großen Volkes« sein sollte (vgl. 12,2).

Die Beschuldigungsformel und das Aufzeigen der Schuld charakterisieren das Tun Abrahams als Schuld, als Sündenfall. Die Fragen des Pharao richten sich an Abraham, nicht an Sara; denn Abraham ist der Schuldige. Durch den Mund des Pharao spricht eigentlich Jahwe selbst und macht ihn auf sein Vergehen aufmerksam. Allerdings kommt es nicht zu einer Bestrafung Abrahams.

Bewahrung des Sünders, Rückkehr ins Land (12,19f; 13,1–4)

Wenn die Schuld festgestellt ist, wird gewöhnlich die Strafe ausgesprochen (z.B. Gen 3,14–19; 4,11f). So müßte ab der zweiten Hälfte des V. 19 von der Strafe über Abraham die Rede sein. Statt dessen folgt – überraschenderweise – ein Satz des Pharao, mit dem der rechtmäßige Zustand wiederhergestellt wird. Der Pharao verhält sich ganz anders, als es herkömmlich zu erwarten gewesen wäre: Er bestraft nicht den Schuldigen. Er gibt Abraham die Frau wieder als »seine Frau« zurück; die Angelegenheit, die Abraham durch seine Lüge verdreht hatte, wird richtig gestellt: »Siehe, deine Frau!« Das schuldhafte Verhalten, das in der Preisgabe der Frau bestand, ist wieder rückgängig gemacht (vgl. 13,1: Abraham geht mit seiner Frau zurück).

Es fällt das sympathische Auftreten des Pharao auf, obwohl er doch durch die Schuld Abrahams ins Unheil gekommen war. Der Pharao schickt aber auch Abraham samt »allem, was ihm gehört«, wohl einschließlich der Geschenke, die in V. 16 genannt werden, weg. Dies geschieht mit einem Befehl, der an 12,1 erinnert: »Geh!« Wie Jahwe Abraham in das Land (Kanaan) geschickt hat, so schickt ihn nun der Pharao zurück in dasselbe Land, das Abraham eigenmächtig verlassen hatte. Denn nicht Ägypten soll sein Land sein (vgl. V. 10b), sondern das von Jahwe gezeigte Land. Dem Hinabstieg Abrahams nach Ägypten in V. 10 entspricht der Hinaufstieg aus Ägypten »ins Südland« in 13,1.

Gen 13,1–4 erzählt, wie Abraham mit Sara das Land in umgekehrter Reihenfolge wie in Gen 12,8f wieder durchzieht. Das Ziel ist die erneute Anrufung des Namens Jahwes, wie vor dem Abstieg nach Ägypten (vgl. 13,4 mit 12,8). Damit ist die Schuld, die im Verlassen des Landes bestand, »rückgängig« gemacht. Die Erfüllung der Land- und Nachkommenschaftsverheißung ist damit wieder möglich (vgl. 13,14–18). Trotz des Sündenfalls bleiben Abraham und Sara weiter Verheißungsträger.

Praxis

Vorschlag A: Text kommentieren

Die Teilnehmer erhalten den Text (nach Einheitsübersetzung oder »Bibel in heutigem Deutsch«), der satzweise untereinander auf die linke Hälfte eines DIN-A 4-Blattes geschrieben und vervielfältigt worden ist.
Der Text wird (möglichst durch Teilnehmer) vorgelesen. (Nach Möglichkeit auch den ersten Teil des Kapitels kurz in Erinnerung bringen.) Danach werden die Teilnehmer gebeten, zu den einzelnen Sätzen auf die freie rechte Seite des Blattes ihren Kommentar (d.h. Meinung, Fragen) zu schreiben (es genügen auch Stichwörter).
Anhand der Eintragungen wird der Text besprochen. Der Leiter kann u.a. mit folgenden Kommentaren rechnen (bzw. diese auch selbst ins Gespräch bringen):

10 Als über das Land eine Hungersnot kam, zog Abram nach Ägypten hinab, um dort zu bleiben; denn die Hungersnot lastete schwer auf dem Land.	War das der einzige Grund? Gott hatte ihm doch das Land geben wollen. Gerade wegen der Verheißung fühlte er sich verantwortlich dafür, am Leben zu bleiben.

11 Als er sich Ägypten näherte, sagte er zu seiner Frau Sara: Ich weiß, du bist eine schöne Frau.	Soll das ein Kompliment sein, um sich zu entschuldigen? War sie denn noch so jung?
12 Wenn dich die Ägypter sehen, werden sie sagen: Das ist seine Frau! und sie werden mich erschlagen, dich aber am Leben lassen.	Eine realistische Befürchtung? Zuviel Angst? Warum sagt *er* das und nicht *sie*? Wegen der Verheißung müssen sie *beide* überleben? War sie einverstanden?
13 Sag doch, du seiest meine Schwester, damit es mir deinetwegen gut geht und ich um deinetwillen am Leben bleibe.	Ob er sich darüber klar war, was das für Folgen haben konnte und haben würde?
14 Als Abram nach Ägypten kam, sahen die Ägypter, daß die Frau sehr schön war.	Da hat er es sich aber einfach gemacht – auf Saras Kosten! Oder hatte er einfach Gottvertrauen, daß es schon gut gehen würde?
15 Die Beamten des Pharao sahen sie und rühmten sie vor dem Pharao. Da holte man die Frau in den Palast des Pharao.	Ob sie dem Pharao (oder anderen) sexuell zu Willen sein mußte? Ein zu hoher Preis fürs Überleben? Als (Harems-)Frau des Pharaos hätte sie mit Abram doch kein Kind mehr haben können!
16 Er behandelte Abram ihretwegen gut: Abram bekam Schafe und Ziegen, Rinder und Esel, Knechte und Mägde, Eselinnen und Kamele.	War das der »Kaufpreis«?
17 Als aber der Herr wegen Sara, der Frau Abrams, den Pharao und sein Haus mit schweren Plagen schlug, ließ der Pharao Abram rufen und sagte: Was hast du mir da angetan? Warum hast du mir nicht gesagt, daß sie deine Frau ist?	Seine durchtriebene Handlungsweise hat nun auch noch schlimme Folgen für andere. Warum, der Pharao konnte doch nichts dafür?
19 Warum hast du behauptet, sie sei deine Schwester, so daß ich sie zur Frau nahm? Nun, da hast du deine Frau wieder, nimm sie, geh!	Ob Abram das eingesehen hat? Das ist aber großzügig – von einem »Heiden«!
20 Dann ordnete der Pharao seinetwegen Leute ab, die ihn, seine Frau und alles, was ihm gehörte, fortgeleiten sollten.	Nicht mal die »Geschenke« nimmt er ihm wieder ab.
21 Abram kehrte mit seiner Frau und seinem Besitz in den südlichsten Teil des Landes zurück.	Das ist noch mal gut gegangen!

Die Gegenüberstellung kann auch den Teilnehmern vorher oder nach dem Gespräch ausgehändigt werden, entweder als Anregung für eigene Kommentare oder zur Besprechung, ohne selbst etwas zu schreiben.
Wenn einige Teilnehmer Lust und Erfahrung haben, können sie in Paaren ein kurzes *Gespräch zwischen Sara und Abraham* vorbereiten, das sie als Rollenspiel der Gruppe vortragen; daran schließt sich ein Gespräch über die Unterschiede in der Auffassung an.

Vorschlag B (auch mit A zu kombinieren): Überschriften suchen

Der Text wird durchgelesen. Danach versuchen die Teilnehmer zu zweit oder zu dritt, eine Überschrift dafür zu finden. Als Beispiele werden genannt (aus denen bei Zeitknappheit auch ausgewählt werden kann):

Der erste Sündenfall Abrahams (Auslegung in diesem Buch)
Abraham und Sara in Ägypten (Einheitsübersetzung)
Abrahams Bewahrung in Ägypten (Die Gute Nachricht)
Die Vorsicht Abrahams erweist sich als überflüssig
Aus Angst verkauft Abraham sogar seine Frau
So sind die Menschen, die sich Gott erwählt hat!

Vorschlag C: Textvergleich

Der biblische Text wird mit einem Abschnitt aus dem Roman »Joseph und seine Brüder« von Thomas Mann verglichen. Wo liegen Unterschiede? Entspricht Thomas Manns Erzählung im wesentlichen dem Text in Gen 12?

»Er fürchtete sich, und zwar im Hinblick auf Sarai, sein Weib, das ihn begleitete und sehr schön war. Ihn schreckte der lüsterne Eifer der Dortigen, die wahrscheinlich sofort Begierde nach Sarai tragen und ihn erschlagen würden, um sie sich anzueignen; und die Überlieferung hat festgehalten, daß er in diesem Sinn, das heißt in dem der Besorgnis um sein eigenes Wohl, gleich beim Betreten des Landes mit ihr redete und ihr anbefahl, sie möge sich, um die Scheelsucht der schamlosen Bevölkerung von ihm abzulenken, nicht als sein Weib, sondern als seine Schwester bezeichnen, – was sie tun mochte, ohne geradehin zu lügen: denn erstens nannte man, namentlich im Lande Ägypten, die Geliebte gern seine Schwester. Zweitens aber war Sarai eine Schwester Lots, den Abraham als seinen Neffen zu betrachten und Bruder zu nennen pflegte; so konnte er allenfalls Sarai als seine Nichte ansehen und ihr den Schwesternamen im üblicherweise erweiterten Sinne beilegen, wovon er auch zum Zwecke der Irreführung und des Selbstschut-

zes Gebrauch machte. Was er erwartet, geschah, und mehr, als er vorausgesehen. Sarais dunkle Schönheit erregt im Lande die Aufmerksamkeit von hoch und nieder, die Nachricht davon dringt bis zum Sitze des Herrschers, und die glutäugige Asiatin wird von ihres ›Bruders‹ Seite genommen – nicht gewaltsam, nicht räuberischerweise, sondern zu einem hohen Preise, – ihm abgekauft also, da sie würdig befunden ist, den erlesenen Bestand von Pharaos Frauenhaus zu bereichern. Dorthin wird sie gebracht, und ihr ›Bruder‹, den man mit dieser Ordnung der Dinge nicht im geringsten zu kränken glaubt, sondern der nach der Meinung aller von Glück sagen mag, darf sich nicht nur in ihrer Nähe halten, sondern wird auch von Hofes wegen mit Wohltaten, Geschenken, Entschädigungen fortlaufend überschüttet, die er denn unverzagt sich gefallen läßt, so daß er bald schwer ist an Schafen, Rindern, Eseln, Sklaven und Sklavinnen, Eselinnen und Kamelen.
Unterdessen aber ereignet sich, dem Volke sorgfältig verschwiegen, am Hofe ein Ärgernis sondergleichen. Amenemhet . . ., Seine Majestät also, ein Gott in der Blüte seiner Jahre, ist, da er sich anschickt, die Neuigkeit zu versuchen, mit Ohnmacht geschlagen, – nicht einmal, sondern wiederholt, und gleichzeitig, wie sich zögernd herausstellt, unterliegt seine ganze Umgebung, unterliegen die höchsten Würdenträger und Vorsteher des Reiches demselben schmählichen und – wenn man die höhere kosmische Bedeutung der Zeugungskraft in Betracht zieht – überaus erschreckenden Übel. Daß hier etwas nicht stimmt, daß ein Mißgriff geschehen, ein Zauber waltet, ein höherer Widerstand sich bemerkbar macht, liegt auf der Hand. Der Ebräerin Bruder wird vor den Thron beschieden, wird befragt und dringlich befragt und bekennt die Wahrheit. Das Verhalten Seiner Heiligkeit ist an Vernunft und Würde über alles Lob erhaben. ›Warum‹, fragt er, ›hast du mir das getan? Warum mich durch doppelsinnige Rede dem Unannehmlichen ausgesetzt?‹ Und ohne einen Gedanken daran, den Abraham um irgendeins der Geschenke zu büßen, womit er ihn so freigebig überhäuft, händigt er ihm sein Weib wieder ein und heißt sie in der Götter Namen ihres Weges ziehn, wobei er die Gruppe noch mit sicherem Geleit bis an die Landesgrenze versieht. Der Vater aber, nicht nur im Besitz einer unversehrten Sarai, sondern auch an Habe so viel schwerer als vorher, darf sich eines gelungenen Hirtenstreiches freuen. Denn um so lieber nimmt man an, er habe von vornherein darauf gerechnet, daß Gott die Verunreinigung Sarais schon so oder so zu verhindern wissen werde, habe auch nur unter dieser bestimmten Voraussetzung die Geschenke eingesteckt und sei sicher gewesen, auf die Weise, wie er es anfing, der ägyptischen Wollust am besten ein Schnippchen zu schlagen, – als unter diesem Aspekt sein Verhalten, die Verleugnung seines Gattentums und die Aufopferung Sarais um seines eigenen Heiles willen, erst in das rechte Licht, und zwar ein sehr geistreiches gerückt wird.« (Thomas Mann: Joseph und seine Brüder. Erster Band. Gesammelte Werke in 12 Bänden, Bd. 4, S. Fischer Verlag 1960, S. 123–125.)

Vorschlag D: Christliche Praxis?

Die Erzählung ist ein Modell für die vielen kleinen Schwindeleien und Anpassungsmanöver, mit denen sich auch gute Christen (und Mitarbeiter der Kirche – ihrer Überzeugung nach natürlich für die gute Sache!) durchs Leben bringen. Vielleicht tun wir es – wie Abraham – gar nicht mal selbst, sondern regen nur andere dazu an, verlangen es von ihnen . . .
Wir sammeln (je nach Größe der Gruppe auch in Gruppen von 3–4 Teilnehmern) Beispiele hierzu:

- Was wird nach Thema und Inhalt irgendwelchen Richtlinien angepaßt, damit es dafür Zuschüsse gibt?
- Wo nehmen wir (oder andere) es mit der Wahrheit nicht so genau, damit wir durchkommen?
- Wo nehmen wir es in Kauf, daß andere größere Nachteile haben als wir selbst, um zum Ziel zu gelangen?
- Haben andere Nachteile durch unser Taktieren?

Abraham und Melchisedek

Genesis 14,18–20

Gen 14 ist ein literarisch schwer einzuordnendes Kapitel. Die Frage nach der Entstehung und der Abfassungszeit wird kontrovers beantwortet. Der Teilabschnitt 14,18–20, die Melchisedek-Perikope, ist wohl als Einschub zu betrachten, der die Erzählung von der Begegnung zwischen Abraham und dem König von Sodom unterbricht; das Stück scheint einmal eine Sonderexistenz gehabt zu haben. Der Grund der Einfügung gerade an dieser Stelle dürfte das in V. 17 genannte »Königstal« gewesen sein, das in 2 Sam 18,18 bei Jerusalem lokalisiert wird; die Begegnung Abrahams und Melchisedeks findet bei Jerusalem statt. Traditionsgeschichtlich scheint die Melchisedek-Perikope ein alter Text zu sein, der in die Königszeit Judas hineingehört; dies ist aus dem Interesse des Abschnitts zu schließen.

Abraham, der Kriegsmann (14,12–17.21–24)

Nach Gen 14,1–11 scheint der gesamte östliche Alte Orient (es sind vier Ostkönige, wobei die Vier als Zahl der Totalität gebraucht wird) im Kampf gegen das Gebiet an der Grenze Kanaans zu stehen und damit auch das Land Abraham-Israels zu bedrohen, eine Erfahrung, die Israel im Laufe seiner Geschichte mehrmals gemacht hat. Ab V. 12 wird der Leser in die Welt Abrahams zurückversetzt, der allerdings in die Kämpfe verwikkelt wird. In Gen 14,12–17.21–24 tritt Abraham als kriegerische Rettergestalt auf, wie sie auch im Richterbuch begegnet. Ähnlich wie Gideon mit relativ wenigen eine Heldentat vollbringt (Ri 7–8), so auch Abraham. Er kommt seinem Neffen Lot, der in die Gefangenschaft der feindlichen Könige geraten war, zu Hilfe und befreit ihn samt seiner Habe und seinen Leuten (V. 14–16). Großmütig gegenüber dem König von Sodom verzichtet er auf die Beute (V. 21–24).

Melchisedek, der König von Salem (14,18a)

Durch die eingefügte Melchisedek-Perikope wird das sonst rein profan erzählte Kriegsgeschehen theologisch interpretiert. Der siegreiche Kampf Abrahams gegen die feindlichen Könige wird als Gotteskrieg gedeutet: Es ist der Schöpfergott, der Abraham und seiner kleinen Schar den Sieg geschenkt hat (vgl. V. 20).

Abraham kommt nach seinem Sieg von Norden her über die westjordanischen Berge und berührt auf dem Weg nach Hebron-Mamre auch Jerusalemer Gebiet. Da tritt ihm Melchisedek, der König dieser Stadt und ihres umliegenden Gebietes, entgegen. Salem ist die Kurzform von Jerusalem (vgl. Ps 76,3), dem religiösen und politischen Mittelpunkt seit David, der die Stadt den Jebusitern abnahm (vgl. 1 Sam 5). Ihr Stadtkönig aus der vorisraelitischen Zeit bringt Abraham Brot und Wein, offenbar als Bewirtung. Der Name »Melchisedek« ist ein sprechender Name: »Mein König ist Sedek«, d.h. »mein König ist (der Gott) Gerechtigkeit«, oder: »mein König ist gerecht« (vgl. Adonizedek Jos 10,1, auch ein König Jerusalems).

Er war Priester des Höchsten Gottes (14,18b)

Melchisedek ist nicht nur »König von Salem (Jerusalem)«, sondern auch »Priester des Höchsten Gottes«, also ein Priesterkönig. Dieses Amt gab es vielfach im Alten Orient. Man kann es bis in die sumerische Zeit Mesopotamiens (um 3000 v. Chr.) zurückverfolgen. Auch die Könige David und Salomo übten bei besonderen Anlässen priesterliche Funktionen aus (David: 2 Sam 6,13.17f; Salomo: 1 Kön 3,4.15; 8,5.14.55.63; 9,25; 10,5; vgl. auch Ps 110,4), eine Übung, die in der späten Zeit des Alten Testaments kritisiert wurde (vgl. 2 Chr 26,16ff). Der Gott Melchisedeks trägt die Bezeichnung *'el 'eljon* (Gott, der Höchste). So hieß wohl ursprünglich der im Jerusalemer Pantheon als höchster Gott Verehrte. Allerdings war es für Israel klar, daß er kein anderer als Jahwe sein konnte. Das Beiwort »der Allerhöchste« wurde auf Jahwe bezogen (vgl. 14,22; Ps 9,3; 21,8; Sir 39,5). Als »Höchster Gott« ist er auch »Schöpfer des Himmels und der Erde«. Er gibt die Fruchtbarkeit des Landes; darauf deuten vielleicht auch Brot und Wein hin (V. 18). Er vernichtet die Feinde und schafft dadurch Ordnung.

Gesegnet sei Abram vom Höchsten Gott . . . (14,19f)

Der Sieg Abrahams über die feindlichen Könige ist eine Gabe des Schöpfergottes, eine Wirkung seines Segens über Abraham. Melchisedek »segnet« Abraham mit einem zweigeteilten Segensspruch (V. 19.20). Dabei wird das Zentralthema von Gen 12,2f aufgegriffen (vgl. 12,3a). Der erste Teil des Spruches kann als Wunsch (»Gesegnet sei . . .«) oder als Feststellung (»Gesegnet

ist . . .«) verstanden werden. Im Blick auf den Kontext (Sieg Abrahams) liegt letzteres näher. Melchisedek, der kanaanitische Stadtfürst, anerkennt Abraham als einen, der vom Schöpfergott gesegnet ist. Im Blick auf Gen 12,2f verwirklicht sich, was in 12,3a gesagt wird: Melchisedek anerkennt Abraham als Gesegneten und nimmt Gemeinschaft mit ihm auf.
Der zweite Teil des Segensspruches ist ein »Segnen« (d.h. ein Lobpreis; im Hebräischen dasselbe Wort) des Schöpfergottes dafür, daß er Abraham den Sieg über die Feinde geschenkt hat. Abraham steht unter dem Schutz des »Höchsten Gottes«, der auch sonst für die Ordnung in seiner Schöpfung sorgt. Abraham antwortet mit der Abgabe des Zehnten, nach Num 18,21 die Abgabe an die Priesterschaft.

Gen 14,18–20 verfolgt als Einzeltext und innerhalb der Abrahamerzählung mehrere Interessen. Abraham ist zunächst eine Gestalt, die verschiedene Traditionen verbindet. In ihm werden die Jerusalemer Tradition und die Uranfänge Israels miteinander verknüpft. Durch die Begegnung von Melchisedek, dem Jerusalemer Priesterkönig, der zugleich das Urbild und der Vorgänger des davidischen Königs ist, und Abraham, dem Urvater Israels, wird Jerusalem und sein Königtum schon in den Anfang der Geschichte Israels eingefügt. G. von Rad vermutet, daß mit der Szene der Begegnung zwischen Abraham und Melchisedek auch die Kluft zwischen der Tempelstadt Jerusalem und dem davidischen König auf der einen Seite (dargestellt in Melchisedek) und der Landbevölkerung (dargestellt in Abraham), die sich nicht ohne weiteres mit dem König und der ehemals kanaanitischen Stadt abfinden konnte, geschlossen werden sollte, nach dem Motto: »Wenn schon Abraham . . .«
Die Abgabe des Zehnten an den Priesterkönig Melchisedek durch Abraham könnte die Lieferung des Zehnten an die Priesterschaft von Jerusalem legitimieren wollen (vgl. Gen 28,22), als Antwort für den Segen, den die Priesterschaft auf Israel legt (vgl. Num 6,22–27). Zur Zeit des Verfassers erfährt und übt Israel nichts anderes als das, was schon Abraham erfahren (Segen) und getan hat (Abgabe des Zehnten).
Gen 14 und damit die Melchisedek-Szene sind auch im Zusammenhang der Abrahamserzählungen, der Urgeschichte Israels, zu sehen. In Gen 12,10–20 wird u.a. die Gefährdung der Landverheißung durch Abraham selbst erzählt. In Gen 14 wird von der Bedrohung des Landes durch mächtige Feinde aus dem Osten, also von einer Bedrohung von außen, berichtet. Dies war eine Erfahrung, die Israel im Laufe seiner Geschichte immer wieder gemacht hat (Assyrien, Babylonien). Mit der Hilfe Gottes kann Abraham diese Gefahr abwenden und seinem »Bruder« Lot zu Hilfe kommen. Nur das entschiedene Eingreifen von Rettergestalten nach der Art Abrahams kann das Land und seine Bewohner vor den Gefahren von außen bewahren. Bei Abraham profitiert davon sogar ein angegriffener Stadtkönig Kanaans, der König von Sodom. Das gesegnete Wirken Abraham-Israels bringt auch anderen Rettung.

Die Nachwirkung von Gen 14,18–20

Nach Ps 110,4 (hebr. Text) gilt Melchisedek nicht nur als exemplarische Priestergestalt (so von Vulgata und Septuaginta verstanden), sondern als Vorläufer des davidischen Königs, in dessen Rechtsnachfolge die Könige Jerusalems nicht nur als Könige, sondern auch als Priester stehen: »Du bist Priester Melchisedeks wegen«, wird dem König bei der Krönung gesagt.
In Hebr 7 werden aus der Tatsache, daß in Gen 14 keine Eltern Melchisedeks genannt werden, und aus der Abgabe des Zehnten an Melchisedek durch Abraham Folgerungen gezogen, die Melchisedek in Beziehung zu Christus bringen.
Der römische Meßkanon und die altkirchliche Theologie sehen in Brot und Wein einen Hinweis auf die Eucharistie.

Praxis

Vorschlag A: Religion, die die Gewalt des Menschen kennt

1. Der Auslegung ist es bis heute ein Rätsel geblieben, welche Herkunft die Erzählung von Melchisedek hat. Darauf sollte der Gesprächsleiter hinweisen (um den Eindruck zu vermeiden, er könne die alten Texte vollkommen entschlüsseln). Es wird dann sinnvoll sein, die spärlichen Hinweise, die das Alte Testament über Melchisedek gibt, den Gesprächsteilnehmern kurz zu referieren (vgl. dazu die Auslegung oder H. Haag, Bibellexikon, bzw. Kleines Stuttgarter Bibellexikon). Dann wird vom Gesprächsleiter das oben S. 101 entfaltete komplizierte Beziehungsverhältnis zwischen Jerusalem und Kanaan in der frühisraelitischen Geschichte zu erklären sein.

2. Die Verse 19f nehmen Bezug auf Gen 12,1–3, insofern der dort Abraham zugesagte Segen als erfüllt gesehen und von Melchisedek anerkannt wird. Abraham wird hier in einem kriegerischen Kontext als der Sieger über die Feinde verstanden, der mit Gottes Hilfe die Bedrohung überwindet. Hier bietet sich ein Ansatzpunkt, mit einem Gesprächskreis das Problem der Gewalt von verschiedenen Seiten her zu diskutieren.
Die Teilnehmer gehen der Frage nach, wo in unserem Leben und Alltag bzw. bei welchen Anlässen (evtl. strukturelle) Ge-

walt eine Rolle spielt und wie wir uns dazu stellen. Dazu teilt sich die Gesamtgruppe in kleine Gesprächskreise zu je 3–4 Personen auf und diskutiert folgende Fragen, die – je nachdem von der gegebenen Situation her konkretisiert – den Teilnehmern schriftlich gegeben werden:

- Wo zeigen sich in unserer Gesellschaft Tendenzen zur Gewalt?
- Wer übt sie aus?
- Wie gehen wir damit um?
- Wie stellt sich die Religion unter den vielfältigen kulturellen und politischen Gegebenheiten zur Gewalt?

Statt der Gesprächsmethode kann man auch versuchen, die Sache mit Hilfe einer Collage darzustellen. Jugendlichen wird das eher liegen als die reine Gesprächsform.

3. Bei der letzten Frage werden wahrscheinlich »Religionskriege« der Gegenwart (Iran/Irak; Nordirland; Libanon) wie auch die gewaltsame Durchsetzung der Interessen des Christentums in der Geschichte zur Sprache kommen. Diesen Aspekt sollte der Gesprächsleiter aufgreifen und bei der Besprechung der Einzelergebnisse vertiefen. Die offenkundigen Verirrungen der Religion und besonders auch des Christentums sollten nicht davon abhalten, die Überlegung einzubringen, daß die Religion im Umgang mit der menschlichen Aggression die sinnlose Gewalt zu überwinden in der Lage ist, indem sie das Aggressionspotential des Menschen integriert und schöpferisch umsetzt. Der Gesprächsleiter sollte sich zur Vorbereitung des Gesprächs unbedingt vertraut machen mit den Ausführungen von E. Drewermann, Der Krieg und das Christentum, Pustet-Verlag, Regensburg 1982, S. 282–313.

Vorschlag B: Die Offenheit des Glaubens

Jede Gemeinschaft, jede Religion und jede (Kirchen-)Gemeinde steht vor der Frage, wie sie ihre Identität wahren und leben kann. Dieser Gesichtspunkt soll in diesem Vorschlag im Vordergrund stehen. Der Gesprächsleiter wird seine notwendigen Texterklärungen unter diesen Aspekt stellen. Jerusalem wird durch den Text selbst schon in die Uranfänge der Geschichte Israels eingebracht, obwohl das den objektiven historischen Fakten widerspricht (vgl. die Auslegung).

Hatte die Religion Israels manche heidnischen Tendenzen aufgenommen und sich damit nach außen geöffnet, so läßt sich

dieses Problem vom Gefälle des Textes her in den Mittelpunkt des Gespräches stellen. Denn wie in Israel, so gibt es auch bei uns Tendenzen, die eine Öffnung der Glaubensgemeinschaft für weltanschaulich anders akzentuierte Gruppierungen, bisweilen sogar die Öffnung für die andere christliche Konfession, für gefährlich halten oder diese, ist sie einmal in die Wege geleitet, wieder rückgängig machen wollen. Das sollte in einer Gesprächsrunde thematisiert und auf einem großen Plakat in Form von Thesen festgehalten werden.
Die Ergebnisse der – am besten in Kleingruppenarbeit – zu führenden Überlegungen werden zusammengetragen und von der Gesamtgruppe diskutiert. Möglich ist auch, jeweils einen Vertreter von Befürwortern bzw. Gegnern einer solchen Öffnung einen Disput von ca. 15 Min. führen zu lassen.
Damit die Überlegungen von einem zeitgenössischen Text her eine Aktualisierung erfahren, kann es angebracht sein, den Kleingruppen die folgenden Ausführungen Karl Rahners als Gesprächshilfe mitzugeben:

Kirchlichkeit allein ist noch kein wahres Christentum. Ja, Orthodoxie, bürgerliche Wohlanständigkeit und Kirchentreue können zur Gefahr werden, zur Gefahr der Selbstgerechtigkeit und der frommen Heuchelei. Irgendwo versteckt jeder Mensch ein Stück schlechter Gesinnung hinter einem guten Werk. Wir gestehen vielleicht unser Versagen, aber nur unter der Bedingung, daß die andern unser Eingeständnis nicht beim Wort nehmen. Wenn wir gut sind, wird uns das zur Begründung dafür, daß wir es nicht nötig haben, besser zu werden. Wir gehören zu den Leuten, die die Beichtstühle bevölkern; sie glauben, wenn sie einen Fehler erst eingestanden haben, bräuchten sie ihn nicht mehr abzulegen. Wir bringen Opfer; aber meist sind sie nur die Ablösegebühr für jene, die wir eigentlich bringen sollten. Wenn zur Buße gerufen wird, beziehen wir den Ruf auf andere statt auf uns. Wenn uns gar zu unbehaglich wird in unserem Gewissen, predigen wir anderen Besserung. Kurz und gut: Irgendwo sind wir alle heidnische Christen, die dem Herrn den Glauben verweigern. Immer noch geht der Herr durch sein Volk und muß sich wundern, wie wenig Glauben er findet. Wir sollten Ausschau halten nach den »christlichen Heiden«, d.h. nach den Menschen, die Gott nahe sind, ohne daß sie es wissen, denen aber das Licht verdeckt ist durch den Schatten, den *wir* werfen. Vom Aufgang und Niedergang ziehen Menschen ins Gottesreich auf Straßen, die in keiner amtlichen Karte verzeichnet sind. Wenn wir ihnen begegnen, sollten sie an uns merken können, daß die amtlichen Wege, auf denen wir ziehen, die sicheren und kürzeren sind. (Karl Rahner: Glaube, der die Erde liebt, Herder Verlag, Freiburg 1966, S. 104)

Der Glaube Abrahams – die Bundestreue Gottes

Genesis 15,1–21

Gen 15 ist eine theologische Reflexion, die in Form einer zweiteiligen Erzählung (15,1–6; 15,7–21) mit parallelem Aufbau (15,1a // 15,7a: Einleitung einer Gottesrede; 15,1b // 15,7b: Selbstvorstellung Gottes mit Verheißung; 15,2f // 15,8: Einwand bzw. Frage; 15,4f // 15,9–11.17f: Zeichen, Verheißung) geboten wird. Es werden zwei Fragen beantwortet:
1. Wer wird das Erbe Abrahams (das Land) besitzen?
2. Wird er es wirklich besitzen?

Die 1. Frage wird in 15,1–6 beantwortet: ein leiblicher Sohn, ja zahlreiche Nachkommenschaft. Die 2. Frage wird in 15,7–21 beantwortet: Der Nachkommenschaft Abrahams wird das Land verbindlich zugesagt. In den beiden Teilen kommen zusammengefaßt die zwei Verheißungen an Abraham zur Sprache: die Nachkommenschaftsverheißung und die Landverheißung.

Das Kapitel hat wohl eine komplizierte Entstehungsgeschichte, die nicht mehr genau durchschaubar ist. Aus sprachlichen und sachlichen Gründen dürfte für den Hauptbestand des Textes erst die Zeit des Babylonischen Exils (586–539 v. Chr.) in Frage kommen. In dieser Zeit wird die Diskussion um den Besitzer und den Besitz des Landes mit Berufung auf Abraham beantwortet. Mit späteren Ergänzungen ist zu rechnen (z. B. V. 12–15.16).
Sachlich gehört Gen 15,1–6 in die Nähe von Deuterojesaja (Jes 40–55) und Tritojesaja (Jes 56–66), vgl. Jes 54,1–4; 65,9. Angesichts der geringen Bevölkerungszahl konnte man fragen: Wer wird in Zukunft das zugesagte Land, das Erbe Abrahams, besitzen? Gen 15,7–21 mit der Landverheißung an die Nachkommenschaft Abrahams (V. 18) paßt in eine Zeit, in der das Land als Besitz verloren war. Nun ist eine Verheißung sinnvoll, daß das Land (wieder) in den Besitz der Nachkommenschaft Abrahams, d. i. Israels, übergehen wird, die – wie Abraham – aus Chaldäa (= Babylonien) herausgeführt wird.

»Dein Lohn wird sehr groß sein« (15,1)

Die 1. Szene Gen 15,1–6 schildert ein nächtliches (V. 5) Erlebnis Abrahams. Sie besteht fast nur aus einem Gespräch zwischen Gott und Abraham und diskutiert die Frage nach dem »Erben«

Abrahams. Durch die Wendung in V. 1 »... erging das Wort ... in einer Vision« wird der Erzvater in die Reihe der Seherpropheten eingereiht (vgl. Num 24,4.16; Jer). Der Zuspruch »Fürchte dich nicht« leitet die Heilszusage an Abraham ein und spricht schon Heil zu (vgl. Jes 41,10.13.14; 43,1.5 u. ö.). Er wird durch eine Selbstvorstellung Gottes »Ich bin dein Schild« und eine Verheißung fortgeführt.
»Schild« ist ein Bildwort für Schutz und stammt aus der Kriegstradition. »Gott als Schild« ist ein Element der Gebetssprache (Ps 3,4; 28,7; 33,20 u. ö.). Der Beter drückt damit sein Vertrauen auf den helfenden Gott aus. So soll Abraham (= Israel) zum Vertrauen aufgerufen werden, daß Gott in der Zukunft (trotz des gegenteiligen Anscheins) Heil wirken wird. Im Hintergrund des Bildes vom »Lohn« (= »Beute«) steht ebenfalls die Sprache des Krieges (vgl. Jes 40,10; Ez 29,19). Was mit Lohn gemeint ist, ist zunächst noch unklar.

»Ich gehe doch kinderlos dahin . . .« (15,2f)

In der Form einer Klage vor Gott (Gebetsanrede, Klage mit Begründung) wendet sich Abraham an Gott und formuliert seinen Einwand gegen die Heilszusage. Ohne einen Sohn hat Abraham keine Zukunft, und deshalb ist jede Verheißung sinnlos. Nur in den Söhnen wird die Geschichte des Vaters weitergeführt; nur mit Kindern wird die Geschichte Israels weitergehen.
V. 2b ist im hebräischen Text unverständlich. Mit V. 3 hat vielleicht ein späterer Verfasser den Einwand Abrahams in V. 2 sinngemäß neu formuliert. Da Abraham kinderlos ist (V. 2a) und damit ohne Nachkommenschaft (V. 3a), wird ein Fremder in seinem Haus sein Erbe sein. Es geht jedoch hier nicht einfach um das persönliche Schicksal eines Mannes. V. 3a hat das ganze Volk, die Nachkommenschaft Abrahams, im Blick. Das eigentliche Erbe Abrahams ist das Land. So geht es um die Frage: Wer wird das Land Abrahams erben? Eine ähnliche Frage findet sich Jer 49,1 mit der Antwort in 49,2.

»Dein leiblicher Sohn wird dein Erbe sein« (15,4f)

In V. 4f wird die Antwort auf die Klage Abrahams mit einem Verheißungswort, das an V. 3a anknüpft, gegeben. Abraham wird selbst einen Sohn bekommen, der das Erbe antritt und damit in Besitz nimmt. V. 5 greift sogar über die Aussage von V. 4

hinaus: Abraham (= Israel) hat zahlreiche Nachkommenschaft zu erwarten (vgl. Gen 22,17; 26,4. – Dtn 1,10 und 10,22 sehen die Verheißung erfüllt). Weil Abrahams Nachkommenschaft so zahlreich wie die Sterne am Himmel sein wird, wird sie auch das Land in Besitz nehmen können (vgl. Jes 54,1–4). Mit Gen 15,1–6 (Jes 54,1–4) soll offenbar der Furcht entgegengetreten werden, daß fremde Völker das Land Abrahams in Besitz nehmen werden, weil Israels Bevölkerung zu gering geworden ist (vgl. Jes 49,19–22).

Da glaubte Abraham (15,6a)

Der Glaube ist die subjektive Antwort Abrahams. Glauben im biblischen Sinn ist das Sich-festmachen der gesamten Existenz in Gott, ist Ja-Sagen zu Gott. Der Glaube hat wesentlich das Element des Festen, Zuverlässigen, des Überzeugtseins (vgl. Jes 7,9; 28,19), und ist gerade das Gegenteil von Unsicherheit. Glaube an Gott ist »in Gott sicher sein«.

Der Herr rechnete es ihm als Gerechtigkeit an (15,6b)

Nach Gen 15,6 ist »Glauben« die Haltung des Menschen, die den Erwartungen Gottes entspricht, das richtige Verhalten Gott und seinen Verheißungen gegenüber. Bei Abraham wird das Vorhandensein dieser Haltung in der Sprache des Kultes ausgedrückt (vgl. Lev 7,18; 13,17.23; 17,4; Num 18,27). Gott beurteilt Abraham so, daß er ihn als im rechten Verhältnis zu sich stehend bewertet. So könnte man V. 6 paraphrasierend so übersetzen: »Abraham machte sich in Gott fest (verließ sich auf Gott), und Gott betrachtete diese Haltung als das richtige, (der Verheißung) entsprechende Verhalten Abrahams.« Wenn Gen 15,1–6 sich an das Israel des Babylonischen Exils wendet, dann wird Abraham als das Vorbild des Glaubens an Gottes machtvolles Wirken in einer anscheinend zukunftslosen Lage (vgl. 15,2a; Jes 49,21) vorgestellt (vgl. Jes 51,2).

Die Verheißung des Landes (15,7)

Gen 15,7 gibt die alte Tradition wieder, daß Israel einen Ursprung in Mesopotamien hat (vgl. Gen 11,27–32). Mit der Beifügung »der dich aus Ur der Chaldäer herausgeführt hat« wird an die früheren Handlungen Gottes zugunsten des angeredeten Abraham erinnert. Dazu ist wohl die herkömmliche Wendung »der

... aus Ägypten herausgeführt hat« (vgl. Ex 20,2; Dtn 5,6) situationsgerecht auf Abraham abgewandelt. Ur ist eine alte Stadt in Südmesopotamien; »Chaldäa« steht für »Babylonien«; »Ur in Chaldäa« ist der Name, den die Hörer von Gen 15 kennen; zur Zeit der Väter war er noch nicht gebräuchlich. Die Stadt war wohl auch für die Hörer des Textes wichtig, wenn sie an die nach Babylonien Verbannten dachten. Nach V. 7 wurde einst Abraham aus Babylonien-Chaldäa von Jahwe herausgeführt. Dies kann Gott auch bei den jetzt Verbannten tun.
Das Ziel der Herausführung ist es, Abraham »dieses Land zu geben, um es in Besitz zu nehmen«, ein rechtlicher Vorgang. Gott ist einer, der für Abraham-Israel den Besitz des Landes vorgesehen hat. Für die Verbannten ist dies eine echte Verheißung: »Sie werden das Land (wieder) in Besitz nehmen dürfen, weil dies bei Abraham grundgelegt wurde.«

»Woran soll ich erkennen . . . ?« (15,8)

Der Gebetsanrede Abrahams »Mein Herr Jahwe« (EÜ: »Herr, mein Herr«) folgt die Frage nach einem Zeichen. Eine solche Frage ist nicht unbedingt der Ausdruck für einen Zweifel, sondern ein Zeichen unterstützt die Sicherheit einer Botschaft (vgl. Ri 6,17; anders Lk 1,18).

Das »Bundeszeichen« (15,9–11.17–21)

Die Aussagen von V. 9f.17 sind als Antwort Gottes auf die Frage Abrahams zu verstehen. Der Auftrag Gottes an Abraham und seine Durchführung in V. 9f sind die Vorbereitung für einen Ritus. Nach V. 10 tut Abraham mehr, als ihm aufgetragen worden war: Er bringt nicht nur die Tiere, sondern zerteilt sie auch und legt je eine Hälfte der anderen gegenüber, so daß ein durchschreitbarer Weg entsteht. Es ist allgemein anerkannt, daß es hier nicht um die Vorbereitung zu einer Opferhandlung, sondern zu einem »Bundesgeschehen« geht (vgl. V. 18a).
Zur Erklärung, was der Vorgang in V. 9f.17 bedeutet, bietet sich ein alttestamentlicher Text an (Jer 34,18–20; vgl. Dtn 29,11); dazu gibt es aber auch eine Reihe altorientalischer Parallelen.

Jer 34,18–20 erzählt ein Geschehen im 6. Jh. v. Chr. Während der Belagerung Jerusalems durch die Babylonier (588/87 v. Chr.) herrschte in der Stadt große Not. Das Volk wandte sich an Gott und versprach, die Sklaven freizulassen (34,8–11). Als nun die Ägypter anrückten, brach der babylonische Herrscher Nebukadnezzar die Belagerung Jerusalems ab und stellte sich gegen den Pharao. Damit war scheinbar die Gefahr für Jerusalem vorüber. Man nahm das Versprechen der Sklavenbefreiung zurück (34,11). Jeremia ist über den Widerruf empört und verkündet in einem Gotteswort entsprechende Konsequenzen (Jer 34,18–20; vgl. besonders V. 18). Er spielt auf einen Ritus an, der mit der Verpflichtung zur Sklavenbefreiung verbunden war: Die Bürger Jerusalems waren durch die Hälften eines Kalbes hindurchgezogen. Dies bedeutete offensichtlich eine bedingte Selbstverfluchung anläßlich des Versprechens: So wie das Kalb zerschnitten wurde, soll es dem ergehen, der die Verpflichtung bricht; für den Fall der Übertretung bzw. Nichterfüllung der Vereinbarung übernimmt der Hindurchschreitende das Schicksal des zerschnittenen Tieres. Ähnliches gilt nach einem Staatsvertragstext der Könige Bar-Gaja von Kask (Südostkleinasien) und Mati-El von Arpad (nördlich von Aleppo): »Und wenn meineidig wird Mati-El . . . gegenüber Bar-Gaja . . ., dann soll Hadad alles Böse auf der Erde und im Himmel (ausgießen) . . . (Und gleichwie) dieses Kalb zerschnitten wird, so soll Mati-El zerschnitten werden . . .«

Jer 34,18–20 und vergleichbare altorientalische Texte machen deutlich, daß es sich in Gen 15,9f.17 um einen Selbstverfluchungsritus anläßlich einer »Verpflichtung« handelt. Das Besondere an Gen 15,17 ist, daß hier der Ritus auf Gott selbst übertragen wird. Denn die beiden Phänomene »rauchender Ofen« (ein tragbarer Hohlzylinder aus Ton) und »feurige Flamme« stellen sinnbildlich Gott dar. Gott selbst vollzieht den Selbstverfluchungsritus mit dem Sinn: Wenn er sich nicht an seine Abmachung mit Abraham hält, will er ebenso wie die zerteilten Tiere zerschnitten werden, eine Vorstellung, »die das israelitische Gottesbild fast überfordert« (L. Perlitt, 74).

V. 11 ist im Zusammenhang der Perikope schwer zu verstehen. Oft denken Kommentatoren (z. B. G. von Rad, C. Westermann) daran, das Erzählte sei als eine Art Vorzeichen (Omen) zu verstehen, daß sich die Verheißung nur mit Schwierigkeit verwirklicht, wie dies auch in den Versen 12–16 zum Ausdruck gebracht wird.

An diesem Tag schloß der Herr mit Abraham den Bund (15,18–21)

In V. 18 wird der Inhalt des Bundes, besser: der verbindlichen Verpflichtung, die allein Gott eingeht, umschrieben: »Deinen Nachkommen gebe ich dieses Land . . .« Durch den vorausgehenden Selbstverfluchungsritus wird veranschaulicht, daß die göttliche Verheißung des Landes unverbrüchlich gilt. Die Verse 19–21, vielleicht eine spätere Ergänzung, nennen die Völkerschaften, die Israel im Laufe seiner Geschichte besiegt oder vertrieben hat.

Im 6. Jh. v. Chr. (Zeit des Babylonischen Exils) wird durch Gen 15,7–11.17–21 erneut die alte Landverheißung an Abraham (vgl. Gen 12,7) verkündet. Doch genügte offenbar eine einfache Landzusage als Verkündigungsform nicht mehr. Man brauchte eine theologische Verstärkung, die Beschwörung der Landzusage. So verbindet man die alte Landverheißung mit einem Selbstverfluchungsritus (15,17) und dem Begriff des »Bundes« (15,18). Das Altbekannte wird so in eine neue Form gebracht. Damit soll das unbedingte Vertrauen in die Treue Gottes gestärkt werden.

»Deine Nachkommen werden Fremde sein« (15,12–16)

In das »Bundesgeschehen« von 15,7–11.17–21 sind die Verse 12–16 eingeschoben, eingeleitet durch eine Zeit- (Sonnenuntergang) und Situationsangabe in V. 12. Der Zustand des »tiefen Schlafs« (vgl. Gen 2,21; Ijob 4,13; 33,15), in dem Abraham sich befindet, ist der Ausdruck dafür, daß Abraham die Offenbarung Gottes rein passiv empfängt; damit wird aber auch das Geheimnisvolle des Geschehens unterstrichen. Der Schrecken (vgl. Ijob 4,14) ist eine Begleiterscheinung der Gottesoffenbarung.
Die Verse 13–14 deuten die Geschichte Israels als Erfüllung des göttlichen Geschichtsplanes. Sie sprechen von der Knechtschaft und dem Aufenthalt der Nachkommen Abrahams in Ägypten (vgl. Ex 1,11f; 3,21f). Sie begründen die Verzögerung der Landverheißung für die Nachkommenschaft Abrahams. Aber auch dann gilt: Gott hält die Fäden der Geschichte in seiner Hand. Auch die Tiefpunkte der Geschichte Israels sind im Plan und Wissen Gottes enthalten. Trotz der Not steht Israel auch dann unter dem Schutz seines Gottes. Sein richterliches Amt ist nicht auf Israel beschränkt. Als universaler Richter befreit er Israel und richtet die unterdrückenden Ägypter, wie er an jedem, der die Nachkommenschaft Abrahams unterdrückt, das Gericht vollzieht.

V. 16 dürfte eine spätere Ergänzung zu V. 12–15 sein. Es wird die Frage beantwortet: »Weshalb durfte Israel das Land der Kanaaniter in Besitz nehmen?« Die Antwort: »Weil die Amoriter (ein altertümlicher Sammelname für die vorisraelitische Bevölkerung Kanaans; vgl. Ez 16,3) schuldig waren.« Das Maß ihrer Schuld war beim Einzug Israels voll. Als Schuld gelten wohl vor allem die Fruchtbarkeitskulte Kanaans mit den sexuellen Praktiken (vgl. Lev 18,24f).

Praxis

Vorschlag A: Worauf man bauen kann

1. Der Gestaltungsvorschlag bezieht sich auf V. 1–6. Dieser Abschnitt wird den Gesprächsteilnehmern auch relativ geläufig sein, zumal Gen 15,6 im Neuen Testament verschiedentlich Verwendung findet (vgl. Röm 4,22; Gal 3,6; Jak 2,23). Der Gesprächsleiter wird zu Beginn – wenn nicht schon andere Gesprächsabende vorausgegangen sind – in die Gestalt Abrahams einführen. Das geschieht am besten mit Lichtbildern aus dem Bildwerk zur Bibel von J. Zink (vgl. Vorschlag A zu Gen 12,1–9).

2. In einem ersten Gesprächsgang empfiehlt es sich, in Kleingruppen bildhafte Begriffe oder Redewendungen, die die grundsätzliche Unsicherheit des Lebens zur Sprache bringen, suchen zu lassen (z. B. »er hängt in der Luft«) und auf einem Plakat festzuhalten. Je nachdem, wie die Gruppe zusammengesetzt ist, kann man dies auch durch bildliche Darstellungen oder Collagen versuchen; es wäre reizvoll, diese praktische Gestaltungsmöglichkeit nicht nur Jugendgruppen zu überlassen. Die »Er-fahrung« des Textes wird allerdings optimal nachvollziehbar, wenn man in der Gruppe die Begebenheit pantomimisch darzustellen in der Lage ist. Dazu sind allerdings äußere Voraussetzungen wie auch eine beträchtliche innere Bereitschaft der Gruppe erforderlich. Anschließend teilen die Teilnehmer ihre eigenen Erfahrungen mit.

3. Wird der letztgenannte Versuch gemacht, ist wahrscheinlich jede weitere Bearbeitung des Textes störend. Wird auf die szenische Darstellung verzichtet, kann man in einem zweiten Gesprächsgang Aussagen Prominenter (Sportler, Politiker, Künstler) zu der Frage, was ihnen in ihrem Leben Halt gibt, einbringen und besprechen. Material dazu findet sich in Illustrierten oder Beilagen von Tageszeitungen (z. B. FAZ-Magazin). Dem sollte nach Möglichkeit eine ähnliche Befragung der Gesprächsteilnehmer in Zweiergruppen vorausgehen.
Wenn die Zeit es erlaubt und die Situation es als sinnvoll erscheinen läßt (hier kommt es auf die Einschätzung des Gesprächsleiters an), kann man noch Aussagen aus der Werbung vorlegen, die auf ihre Art und Weise von Vertrauen und Sich-

Verlassen sprechen. Diese werden dann den Ergebnissen der Zweierbefragung gegenübergestellt.

4. Der Abend sollte meditativ abgeschlossen werden. Dazu empfiehlt sich der Holzschnitt von Thomas Zacharias: »Abraham«. (Die Diaserie mit den Holzschnitten ist bei fast allen kirchlichen Bildstellen erhältlich.) Genausogut kann man natürlich auch andere künstlerische Darstellungen der Abraham-Gestalt zur Grundlage einer Meditation machen.

Vorschlag B: Zukunft mit Gott

Vorschlag A spricht vorwiegend die Erlebnisebene an; der Alternativvorschlag will darauf nicht grundsätzlich verzichten, aber die mehr intellektuell orientierte Textarbeit mit einbringen.

1. In einem ersten Schritt wird die Frage nach der Zukunft thematisiert. Dieses oft gestellte Problem trifft weitgehend auf Menschen, die sich schwer tun (durch die Generationen hindurch), sich zu entscheiden. Unter diesem Gesichtspunkt dürfte die an die Gesprächsteilnehmer zu richtende Frage: »Welche Erwartungen habe ich an meine Zukunft?« einen guten Einstieg in das Thema ermöglichen.
Die Teilnehmer bekommen ca. 15 Min. Zeit, um zu der Frage schriftlich Stellung zu nehmen. Für den Gesprächsleiter wird es darauf ankommen, die Antworten nicht nur vorzulesen, sondern sie wirklich zur Diskussion zu stellen und in ein lebendiges Gespräch einzubringen. Er sollte vor allem »zwischen den Zeilen lesen können« und das Gespräch entsprechend ordnen, inwieweit das Phänomen der Angst prägend ist bzw. die Antworten von negativen Hoffnungsbildern geleitet sind.

2. Die Gruppe teilt sich dann in kleine Gesprächsgruppen auf und versucht in einem ersten Schritt, die Ergebnisse der Zukunftsbilder mit dem nachstehenden Text von Ernst Bloch zu konfrontieren, und zwar unter dem leitenden Gesichtspunkt, in welchen Ausführungen der Teilnehmer und in welchen Bemerkungen Blochs religiöse Horizonte eröffnet werden.

»Wer sind wir? Woher kommen wir? Wohin gehen wir? Was erwarten wir? Was erwartet uns?
Viele fühlen sich nur als verwirrt. Der Boden wankt, sie wissen nicht warum und von was. Dieser ihr Zustand ist Angst, wird er bestimmter, so ist er Furcht. Einmal zog einer weit hinaus, das Fürchten zu lernen. Das gelang in der eben vergangenen Zeit leichter und näher, diese Kunst ward entsetzlich beherrscht. Doch nun wird, die Urheber der

Furcht abgerechnet, ein uns gemäßeres Gefühl fällig. Es kommt darauf an, das Hoffen zu lernen. Seine Arbeit entsagt nicht, sie ist ins Gelingen verliebt statt ins Scheitern. Hoffen, über dem Fürchten gelegen, ist weder passiv wie dieses, noch gar in ein Nichts gesperrt. Der Affekt des Hoffens geht aus sich heraus, macht die Menschen weit, statt sie zu verengen, kann gar nicht genug von dem wissen, was sie inwendig gezielt macht, was ihnen auswendig verbündet sein mag. Die Arbeit dieses Affektes verlangt Menschen, die sich ins Werdende tätig hineinwerfen, zu dem sie selber gehören. Sie erträgt kein Hundeleben, das sich ins Seiende nur passiv geworfen fühlt, in undurchschautes, gar jämmerlich anerkanntes. Die Arbeit gegen die Lebensangst und die Umtriebe der Furcht ist die gegen ihre Urheber, ihre großenteils sehr aufzeigbaren, und sie sucht in der Welt selber, was der Welt hilft; es ist findbar. Wie reich wurde allzeit davon geträumt, vom besseren Leben geträumt, das möglich wäre. Das Leben aller Menschen ist von Tagträumen durchzogen, darin ist ein Teil lediglich Schale, auch entnervende Flucht, auch Beute für Betrüger, aber ein anderer Teil reizt auf, läßt mit dem schlecht Vorhandenen sich nicht abfinden, läßt eben nicht entsagen. Dieser andere Teil hat das Hoffen im Kern, und er ist lehrbar. Er kann aus dem ungeregelten Tagtraum wie aus dessen schlauem Mißbrauch herausgeholt werden, ist ohne Dunst aktivierbar. Kein Mensch lebte je ohne Tagträume, es kommt aber darauf an, sie immer weiter zu kennen und dadurch unbetrüglich, hilfreich, aufs Rechte gezielt zu haben.«
(Ernst Bloch, Das Prinzip Hoffnung, © Suhrkamp Verlag, Frankfurt/M. 1959, S. 1)

3. Die Ergebnisse werden abschließend im Plenum zu der Glaubenserfahrung bzw. Glaubensentscheidung Abrahams in Beziehung gesetzt. Dazu ist es notwendig, daß der Kontext der Persönlichkeit Abrahams einigermaßen präsent ist. Die Gruppe stellt sich die Frage, welche Ängste möglicherweise vom biblischen Text aufgegriffen werden (s. Auslegung) und wie der Glaube diese überwindet. Diese Arbeit wird konkretisiert in der Überlegung, welche eingangs formulierten Zukunftsentwürfe heute von der Sicht des Glaubens her vorangetrieben werden können.

Der zweite Sündenfall Abrahams

Genesis 16,1–6

Die Szene Gen 16,1–6 knüpft sachlich an Gen 11,30 an. Hier hieß es: »Sara war unfruchtbar«. Nun war aber Abraham verheißen, ein großes Volk zu werden (12,2), zahlreiche Nachkommenschaft zu bekommen (13,14–17). So liegt das Problem vor: Wie kann dies Wirklichkeit werden?

Der Vorschlag zur Abwendung der Not (16,1f)

Bei Sara schien es ausgeschlossen zu sein, daß sie ein Kind zur Welt brachte. Deshalb greift sie zu einer Maßnahme, die diese Not beseitigen konnte. Ihre Magd Hagar soll statt ihrer von Abraham ein Kind bekommen. Das Kind der Nebenfrau, in diesem Fall der Magd, galt dann als eigenes Kind Saras. Die Sklavin hatte in diesem Fall »das Kind auf den Knien der Herrin« zu gebären (vgl. Gen 30,3). Diese würde dadurch »auferbaut«; denn das Leben einer Ehefrau wurde nur dann sinnvoll (ganz), wenn sie ihrem Mann Kinder schenkte.

Hagar, als persönliche Dienerin, stand in einem besonders engen Verhältnis zu Sara. Sara allein hatte über sie Verfügungsgewalt. Dieses enge Vertrauensverhältnis zwischen Sara und Hagar blieb auch erhalten, wenn Abraham die Magd zur Nebenfrau nahm.

Die Lösung, die Sara dem Abraham vorschlägt, ist nichts Außergewöhnliches. Gesetzliche Bestimmungen dazu gibt es z. B. schon im Codex Hammurapi, §§ 145 und 146 (um 1800 v. Chr.). Allerdings ist es ein Brauch, der im späteren Israel nicht geübt wurde. Der Vorschlag Saras scheint eine richtige und rechtlich gangbare Ersatzlösung zu sein, damit Abraham zu seinem Sohn kommt. Im Zusammenhang der Nachkommenverheißung wäre nicht nur das persönliche Problem der Kinderlosigkeit Saras gelöst, sondern Sara würde auf diese Weise auch die Mutter des angekündigten großen Volkes werden können.

Die Ausführung des Plans – das Vergehen (16,2–4a)

Die Frage ist nun allerdings: Ist der von Sara vorgeschlagene Weg der von Jahwe gebilligte? Ist es richtig, der Verheißung

Gottes auf diese Weise nachzuhelfen? Der Erzähler macht durch die Formulierung deutlich: Die Art und Weise, wie Sara und Abraham vorgehen, ist nicht im Sinne Jahwes.

Gen 16,3.4a ist wie Gen 3,6b formuliert:

3,6b Da nahm sie von seiner Frucht und aß und gab auch ihrem Mann neben ihr, und er aß.

16,3.4a Da nahm Sara(i) . . . Hagar . . . und gab sie Abra(ha)m, ihrem Mann, zur Frau, und er ging zu Hagar.

Gen 3,6b und 16,3.4a haben einen in den Verben identischen Wortlaut und im übrigen sachliche Entsprechungen. Es entsprechen sich die handelnden Personen: In Gen 16,3 geht die Initiative wie in Gen 3,6b von der Frau aus. Adressat des Gebens ist in beiden Texten der Mann. In beiden Erzählungen reagiert der Mann »sachgemäß« auf das Tun der Frau. In Gen 3,6b ißt der Mann von der gegebenen Frucht; in Gen 16,4a geht Abraham zu der ihm gegebenen Hagar. Das »Mittel« der Sünde, die Frucht bzw. Hagar, wird jeweils vom Mann angenommen. Der Geschehensablauf ist ähnlich: Die Frau nimmt etwas und gibt es ihrem Mann; dieser geht darauf ein. Dies läßt den Schluß zu: Durch die im wesentlichen gleiche Formulierung und den gleichen Geschehensablauf bei Gen 3,6b und 16,3.4a macht der Verfasser deutlich, daß es ihm in Gen 16,1–4 wie in Gen 3 um die Erzählung eines vergleichbaren Geschehens, um die Erzählung von einem Sündenfall geht.

Neben Gen 3,6b ist noch eine zweite sprachliche Verbindung zwischen Gen 3 und Gen 16 zu entdecken: in Gen 3,17a und 16,2c. Nach 3,17a wirft Gott dem schuldig gewordenen Menschen (Mann) vor: »Weil du auf die Stimme deiner Frau gehört hast . . .«; nach Gen 16,2c wird von Abraham gesagt: »Da hörte Abraham auf die Stimme Saras.« Das Hören auf die Stimme der Frau durch den Mann ist in beiden Fällen der Beginn der Sünde.

Die Schuld Abrahams und Saras liegt darin, daß sie eigenmächtig – ohne Legitimation durch Jahwe – auf ihre Weise dafür sorgen, daß sie zu einem Sohn kommen. Sie nehmen selbst die Dinge in die Hand und führen sie einer Lösung zu (Motiv der Eigenmächtigkeit).

Die negativen Folgen: Der Konflikt der Frauen (16,4b–6)

Zur »Schulderzählung« gehört gattungsmäßig die »Straferzählung«. Sie liegt in Gen 16,4b.5 vor. Das Vorhaben von Abraham und Sara gelingt: Abraham kann von Hagar ein Kind erwarten, denn diese wird schwanger. Doch kann im letzten ein Handeln gegen/ohne Gott nicht ohne Folgen bleiben. Die »Ersatzlösung« erweist sich als schädlich für Sara und damit als nicht von Gott gewollt. Die Folge der Sünde wirkt sich an Sara aus: Sie ist in den Augen ihrer durch Abraham schwangeren Dienerin »gering«, »leicht«, »minderwertig«; Hagar verachtet ihre Herrin. Die »Erniedrigung« Saras durch ihre Dienerin ist die Strafe für ihr Vergehen.

In Analogie zu Gen 3, wo jeder der Schuldiggewordenen seine Schuld weiterschiebt (vgl. Gen 3,12f), will auch Sara ihre Verantwortung auf Abraham abschieben, damit aber auch die Schuld. Für das Unrecht, das ihr von seiten ihrer Dienerin geschieht, sollte Abraham geradestehen; denn für die Schwangerschaft Hagars ist eigentlich Abraham verantwortlich; sie »lag ja an seiner Brust« (vgl. V. 5a wörtlich); deshalb ist Abraham die Ursache des Unrechts, das Sara geschieht. Wie in Gen 3, so führt auch in Gen 16 die Sünde zur Entfremdung der schuldig gewordenen Menschen.

Nicht nur Abraham und Sara sind schuldig geworden. Auch Hagar hat Unrecht getan. Sie hat Sara »gering« gemacht. Dies hätte nicht sein dürfen. Denn nach dem Recht, wie es z. B. im Codex Hammurapi festgelegt war, war Sara die Mutter des Hagarsohnes.

Beim Verhalten Hagars gegenüber Sara ist an Gen 12,3 zu denken: »Wer dich ›gering macht‹, den will ich verfluchen.« Dadurch ist der Verheißungsträger, zu dem auch Sara gehört, unter den Schutz Jahwes gestellt, und dem Schuldigen wird Strafe angekündigt. In diesem Sinn appelliert Sara in 16,5a an den Richter Jahwe, der das Vergehen Hagars ahnden soll. Abraham gibt Hagar zur Bestrafung durch Sara frei. Doch geht Sara in der Bestrafung Hagars so weit, daß sie Anlaß zur Flucht der Dienerin aus dem Hause Saras wird.

Obwohl Abraham und Sara zu Sündern geworden sind, werden sie, wie in 12,10–20, von Gott nicht fallengelassen. Abraham und Sara bleiben trotz ihres eigenmächtigen Handelns die Verheißungsträger. Sie erhalten in 18,1–15 eine – im Verständnis der Komposition der Abrahamserzählungen neue – Sohnesverheißung. Auch der Sohn Hagars erhält in 16,12 wenigstens eine göttliche Zusage, die auf seinen Namen anspielt, und Hagar selbst erfährt in der Geburt des Sohnes den in ihrer Not »hörenden Gott« (16,11).

Der Jahwist will nicht nur ein persönliches Schicksal erzählen: den Stolz einer Magd und die Geringschätzung der Herrin durch ihre Magd. Er will in 16,1–6 auch »lehren« – dies zeigt die Parallele zu Gen 3: Für Israel ist ein Handeln auf eigene Faust, ohne Gott, nicht zum Vorteil. Gerade durch ein solches eigenmächtiges Tun gerät Sara ins Unheil. Das richtige Verhalten ist, darauf zu vertrauen, daß Jahwe für den versprochenen Nachkommen sorgen wird. Das »große Volk«, die Nachkommenschaft, war ja verheißen, und deshalb ist es Sache Jahwes, dafür zu sorgen. Mögen auch Abraham und Sara einen Rechtsbrauch ihrer Zeit praktizieren, in den Augen des jahwistischen Erzählers verstoßen sie doch gegen den Plan Jahwes, daß aus Abraham und Sara selbst ein großes Volk, zahlreiche Nachkommenschaft, erstehen soll. Sie sollten es Jahwe überlassen, seine Verheißungen zu erfüllen (vgl. Gen 18,1–15; 21,1–7). Auf jeden Fall sichert nicht die eigenmächtige Sorge die Zukunft Abraham-Israels (vgl. Gal 4,22–31).

Praxis

Thema: Mit Gottes Verheißungen leben

Bei der Berufung Abrahams (Gen 12,1 f) erhält dieser die Verheißung von Gott, daß er viele Nachkommen bekommen und zum Stammvater eines »großen Volkes« werden soll. Diese Zusage konnte Abraham übernehmen, und er machte sie zu seinem Wunsch. Mit diesem Wunsch identifizierte er sich so sehr, daß er die Zeit des Wartens auf die Erfüllung der Verheißung »auf eigene Faust« beendete, indem er dem Rat seiner Frau folgte und mit der Magd Hagar ein Kind zeugte. Hier handelt er eigenmächtig, ohne den Auftrag Gottes – sogar gegen seine Verheißung; so ist dies die Erzählung vom zweiten Sündenfall Abrahams (s. Auslegung).
Zu allen Zeiten seither fiel es Menschen schwer, sich allein auf Gottes Verheißungen zu verlassen. Besonders schwer fällt dies Menschen in Zeiten äußerer oder innerer Not. Immer ist Glauben und Vertrauen nötig, will ein Mensch die Verheißungen Gottes für sich in Anspruch nehmen und entsprechend leben.

Vorschlag A: Auf Sicherheiten oder auf Vertrauen bauen

1. In seiner Einführung beschreibt der Leiter, wie sehr sich Menschen heute anstrengen, um ihre Zukunft zu sichern (Versicherungsverträge abschließen, die Gesundheit pflegen, Sport treiben, Rücklagen schaffen, Schutzräume bauen). Diese An-

strengungen sind nicht »an sich« zu verwerfen, aber sie werden fragwürdig, wenn ein Mensch allein darauf seine Hoffnung baut. Diese vermeintlichen Sicherheiten sind sehr zerbrechlich und umfassen nie alle Risiken des Lebens. Spätestens mit dem Tod sind alle menschlichen Bemühungen um Sicherheit am Ende. Die Bibel fordert uns auf, nicht auf menschliche Sicherheiten zu bauen, sondern sich auf Gottes Verheißungen zu verlassen. Eine wichtige Beispielgeschichte findet sich dazu in Gen 16.

2. Der Text Gen 16,1–6 wird vorgelesen und vom Leiter erläutert (s. Auslegung).

3. Im Anschluß an diese Erläuterung des zweiten Sündenfalls Abrahams verweist der Leiter darauf, daß Gott seinem Volk Israel in der Geschichte eine ganze Reihe von Zusagen (Verheißungen) gemacht hat (z.B. Gen 8,21f; 12,1–3; Jes 43,1; Joël 3,1). Einzelne dieser Zusagen sind mit dem Neuen Bund erfüllt (Apg 13,32f; 2 Kor 1,20), andere erfüllen sich jeweils aufs neue in der Lebensgeschichte von Menschen (z.B. Jes 43,1). Die Erfüllung vieler Zusagen Gottes steht aber noch aus. Wir dürfen an diesen Verheißungen festhalten; Jesus hat die Reihe der Verheißungen ergänzt und konkretisiert, z.B. Mt 21,22; 24,35.

4. In kleinen Gruppen sprechen die Teilnehmer (4–5 Personen) über die Frage: »Welche Bedeutung haben die Zusagen Gottes für mich persönlich im Blick auf heute und im Blick auf die Zukunft?«

5. Im Plenum bittet der Leiter die Teilnehmer darum, wichtige Einsichten und Fragen dazu einzubringen, die dann gemeinsam besprochen werden. Auch kann der Leiter hier eigene Erfahrungen anfügen, wie sich Zusagen Gottes in seinem Leben erfüllt haben, wie er »Durststrecken« überstanden (Ps 23) und was ihm die Geduld und das Vertrauen gestärkt hat.

Vorschlag B: Nachkommen verhindern oder erzwingen

1. Der Text Gen 16,1–6 wird gelesen und vom Leiter erläutert (s. Auslegung). Was viele Menschen heute mit Abraham und Sara verbindet, ist dies, daß sie sich Kinder wünschen, aber keine bekommen. Viele Anstrengungen werden unternommen, damit der Kinderwunsch vielleicht doch noch in Erfüllung geht. Wie weit dürfen solche Anstrengungen gehen?

Nicht weniger brisant stellt sich die Frage nach dem rechten Verhalten, wenn Frauen schwanger werden, aber das Kind aus irgendwelchen Gründen nicht austragen wollen. Klar ist, daß es rechtlich eingegrenzte Möglichkeiten des Schwangerschaftsabbruchs gibt; die Frage bleibt aber für Christen, ob sie einen solchen Eingriff (der vermutlich zu ihrem Vorteil dient) vor Gott verantworten können.

2. In zwei Interessengruppen (A und B) sprechen die Teilnehmer über die Frage, wie Menschen geholfen werden kann, die

- sich ein Kind wünschen, aber keines bekommen (Gruppe A);
- schwanger sind, aber das Kind nicht austragen wollen (Gruppe B).

In beiden Gruppen sollte je ein Leiter oder Teilnehmer sein, der sich darauf vorbereitet hat und biblisch fundierte Antworten geben kann: Gott will das Leben – auch das Leben der Kinder, die menschlich gesehen nicht erwünscht sind; seine Verheißungen gelten den Kindern und den Müttern. Gott will das Leben – wenn er es aber nicht schenkt, dann soll es der Mensch nicht erzwingen (zu warnen ist vor dem Einsatz von sogenannten »Leihmüttern« ebenso wie vor dem Wunsch nach einem Kind, ohne daß eine Partnerschaft mit dem Vater gewollt wird). Diese Interessengruppen benötigen den größten Teil der zur Verfügung stehenden Zeit (mindestens eine Stunde).

3. Im Plenum bittet der Leiter um ein Statement aus jeder Gruppe, das aber nicht mehr diskutiert wird. Erinnern wird er an die Aussage des eingangs gelesenen Textes: »Mache dir keine Sorgen um Gottes Verheißungen und um dein Leben, und erzwinge nichts, auch nicht das Not-wendende, das dir zum Vorteil dient.« Ferner wird er darauf eingehen, daß uns Gott nicht fallen läßt, auch wenn wir schuldig geworden sind; durch die Vergebung der Schuld schenkt er einen neuen Anfang.

Die Verheißung des Sohnes

Genesis 18,1–16

In Gen 16,7–14 (teilweise E) erzählt der Jahwist die Flucht Hagars und die Verheißungen für deren Sohn. Er setzt seine Darstellung in Gen 18 fort. In 18,1–16a geht es um die Verheißung eines Sohnes aus Abraham und Sara (vgl. 17,21b). Dieser Sohn ist nun wirklich eine Gabe Jahwes, im Gegensatz zu Gen 16,1–6, wo Abraham und Sara auf eigene Faust und nach eigenem Plan es unternehmen, daß ihnen ein Sohn geboren wird.

Es ist immer schon aufgefallen, daß in diesem Text einmal von Jahwe, dann wieder (im Plural) von drei Männern die Rede ist. Jahwe (EÜ: der Herr): V. 1.3.10.12.14.15. Drei Männer: V. 2.4.5.8.9.16. Bemerkenswert ist, daß die Mehrzahl der drei Männer nur im ersten Teil eine wesentliche Rolle spielt: V. 2.4–9. Vom »Herrn« (Jahwe) in der Einzahl ist, abgesehen von V. 1 und 3, vor allem ab V. 10 (–15) die Rede, also im zweiten Teil der Erzählung. Überlieferungsgeschichtlich ist anzunehmen, daß eine ursprüngliche Erzählung mit drei Männern (Gottesboten) durch singularische Aussagen bearbeitet wurde.
Die griechische, lateinische und altorientalische Mythologie kennt eine Reihe von Erzählungen, in denen Götter Menschen besuchen. Die Erzählungen haben folgenden Aufbau:
a) Besuch eines (oder mehrerer) Gottesboten (oder Götter)
b) Gastfreundliche Aufnahme und Bewirtung
c) Verheißung eines Sohnes als Belohnung (als Gastgeschenk)
Dazu kommt oft als Motiv die Kinderlosigkeit eines Ehepaares. Die Ankündigung des Sohnes ist Sache eines Gottesboten (vgl. Gen 16,11; Ri 13,3–7; Lk 1,13; 2,23; – Prophet: 1 Kön 13,2; 2 Kön 4,16; Jes 7,14) oder Gottes selbst (vgl. Gen 15,4f; 17,19; 18,10.14).

Die Gastfreundschaft Abrahams (18,1–8)

Die Erzählung spielt im Milieu des Hirten (vgl. Zelt, Baum als Schattenspender). Sie gibt uns anschaulich wieder, was orientalische Gastfreundschaft ist.
Ohne die Einleitung V. 1a handelt es sich in 18,2–8 um den Besuch von drei Männern, die hier noch nicht als göttliche Boten charakterisiert werden. Dies geschieht erst durch ihre Botschaft in V. 14. Die Szene wird in Mamre lokalisiert. Ausgrabungen lassen darauf schließen, daß Mamre schon ein alter kultischer

Ort der Kanaaniter, der Ureinwohner des Landes, war. Der Ort gehört zur Abrahamstradition.
Abraham erhält unverhofften Besuch von drei Fremden. Wer sie sind, wird nicht gesagt. Erst aus späterer Sicht wird erklärt, daß es Jahwe gewesen sei (V. 1a). Auch Abraham wird mit seinem Namen erst in V. 6 genannt. Die Eingeladenen nehmen die Einladung an. Abraham will seine Gäste nicht aufhalten; nach der Bewirtung können sie weiterziehen. Ein typischer Erzählzug ist die Eile, mit der Abraham zu Werk geht. Es wird nicht einfach die Speisenfolge aufgezählt: Zuerst gab es dies, dann das . . ., sondern es liegt eine große Bewegung in den Versen 6–8: Abraham eilt zu seiner Frau – sie soll das Brot backen –, dann läuft er zum Knecht – er soll das Kalb schlachten. Ruhe tritt erst ein, als alles aufgetragen ist und Abraham dabeisteht. Auffallend ist für spätere israelitische Verhältnisse, daß es keinen Wein gibt, sondern Milch als Getränk. Dies paßt jedoch zum nomadischen Milieu der Vätererzählungen. Wein war erst Getränk des israelitischen Bauern, also nach der Seßhaftigkeit.
Ein »Leitwort« der ersten Verse ist »vorbeigehen/-kommen« (V. 3.5). In besonderem Sinn ist es in V. 5b verwendet: »Denn deshalb seid ihr doch bei eurem Knecht vorbeigekommen.« Es wird als Verbum der Begegnung verwendet. Dieses »Vorbeikommen«, »Vorübergehen« bedeutet für den Gastgeber Gewährung von Segen, hier konkret: die Verheißung eines Sohnes, also Heil von Jahwe. »Vorbeikommen« ist hier Ausdruck der segenspendenden und verheißungsvollen Begegnung Jahwes mit seinem Knecht Abraham.
Die Erzählung von der Gastfreundschaft Abrahams gegenüber den Fremden ist das Vorspiel für das eigentliche Geschehen.

In einem Jahr wird deine Frau Sara einen Sohn haben (18,9–10)

V. 9 leitet zum zweiten Teil der Erzählung über (V. 9–16). Die Männer erkundigen sich nach Sara. Abraham weist auf sie hin. Damit wird die Frau Abrahams in den Mittelpunkt gerückt. Dies ist wichtig für den zu verheißenden Sohn. Abraham selbst hat schon einen leiblichen Sohn: den Sohn Hagars (vgl. Gen 16; 17,23–25). Doch sollte es nach dem Plan Jahwes nicht der Sohn der Magd sein, in dem sich die Nachkommenschaftsverheißung zu erfüllen beginnt, sondern ein leiblicher Sohn Saras. Die Kernaussage steht in V. 10 und V. 14 (vgl. 17,21b):

V. 10: »Übers Jahr um diese Zeit ... wird deine Frau einen Sohn haben«
V. 14: »Übers Jahr um diese Zeit, dann hat Sara einen Sohn«

Die Sohnesverheißung ist zwar an Abraham gerichtet, meint aber die Mutter.

Abraham und Sara waren schon alt (18,11)

In Gen 16 ist als Grund für die Kinderlosigkeit Abrahams und Saras die Unfruchtbarkeit Saras angegeben. In Gen 18 wird diese Aussage noch gesteigert durch die Angabe, daß beide Eheleute schon alt waren (vgl. 17,17). Sie haben überhaupt keinen Sohn (mehr) zu erwarten.

Das Motiv einer unfruchtbaren Frau – hier noch verstärkt durch das Alter des Ehemannes –, die dann doch ein Kind gebiert, ist ein in der Bibel beliebtes literarisches Motiv. Es wird immer dort verwendet, wo der Sohn eine besondere Aufgabe bekommen soll (vgl. 1 Sam 1; Lk 1).

Da lachte Sara (18,12–15)

Der göttlichen Verheißung wird der menschliche Zweifel gegenübergestellt. Sara lachte, weil sie es besser weiß. Sie begründet ihren Zweifel damit, daß sie und Abraham schon alt sind. Menschlich gesehen war die Erfüllung der Verheißung, daß Abraham ein großes Volk wird, nicht mehr zu erwarten.
Dem Lachen der (ungläubigen) Sara wird das Tun Jahwes gegenübergestellt (V. 14). Mit V. 14 wird deutlich, daß der Bote (bzw. die Boten) im Namen Jahwes reden: »Ist für Jahwe etwas zu schwer?« Jahwe ist es, der die Verheißung des Sohnes verwirklicht. Ihm ist es möglich. Er verwirklicht die Existenz Israels gegen jede menschliche Erwartung, sogar gegen jeden Zweifel. Daß es Israel gibt, ist etwas Wunderbares. Die Reaktion Saras auf die Aussagen von V. 15 zeigt an, daß sie begriffen hat, wen sie vor sich hat: Sie erschrickt; sie merkt, wie ungehörig sie sich im Angesicht Jahwes (bzw. der Gottesboten) und gegenüber der Verheißung benommen hat. Wie Kinder, die etwas Ungehöriges, das sie getan haben, ableugnen, um es ungeschehen zu machen, läßt der Erzähler auch Sara reagieren: Sara leugnet ihr Lachen: sie will nicht gelacht haben. Die Erzählung schließt damit, daß Jahwe sie auf ihr Lachen »festnagelt«. Ihr Lachen (hebräisch: *zḥq* wird noch einmal bedeutsam sein. Der Jahwist spielt hier schon auf den Namen des Kindes an, der mit dem hebräischen Wort für »lachen« in Verbindung gebracht wird (Jizḥaq = Isaak; vgl. Gen 21,1–7).

V. 16 schließt den ersten Abschnitt ab und leitet zur folgenden Erzählung über: Die Männer brechen auf. Abraham begleitet sie gastfreundlich noch ein Stück. Die Notiz »Sie schauten gegen Sodom« verbindet Gen 18,1–16 mit 18,17–33.

Wenn J wirklich eine alte Erzählung vom Besuch dreier Gottesboten verwendet hat, dann hat er diese Erzählung sinnvoll bearbeitet. Er läßt dort, wo das eigentlich Entscheidende der Erzählung geschieht, nicht mehr die drei Männer reden, sondern Jahwe. Im ersten – sachlich nebensächlichen, vorbereitenden – Teil konnte der Jahwist die alte Form der Erzählung vom Besuch dreier Männer belassen. Dadurch, daß er aber im zweiten Teil in die Einzahl der redenden Person wechselt, hebt er diesen Abschnitt vom ersten Teil ab und dadurch hervor. Das sprachlich Neue betont zugleich das inhaltlich Besondere. Die ganze Erzählung zielt auf den Sohn als verheißene Gabe Jahwes hin.

Die Bedeutung für Israel

In Abraham soll sich Israel selbst erkennen. Israel soll begreifen, daß seine Existenz ganz auf Gott und dessen Treue zu seinen Verheißungen beruht. Nicht dem eigenen menschlichen Planen und Vermögen verdankt Israel seine Existenz (vgl. 16,1–6). Auch die Größe und Mächtigkeit Israels zur Zeit des Jahwisten ist nicht die Folge eigenen Könnens und Planens, sondern sie kommt aus der wunderbaren Macht Gottes (vgl. die Weiterführung der Sohnesverheißung in 18,18: So wie Abraham und Sara ihren Sohn Jahwe verdanken, so verdankt Israel seine Größe und Macht dem mächtigen Willen Jahwes). Was Israel anzubieten hat, ist nichts (»Unfruchtbarkeit«, vgl. 18,11–13). Alles kommt von Jahwe (vgl. 18,14). Israel bleibt ganz ein Geschöpf Gottes (vgl. Jes 43,1.15; 44,21b; 45,11).

Praxis

Vorschlag: Über die Formgeschichte zur Tiefendimension

Zwei Klippen gilt es bei diesem eigenartigen Text zu umschiffen: Die Teilnehmer dürfen sich nicht nur in den Handlungsablauf verbeißen und die Erzählung historisch hinterfragen. Hier würde kein Weg zu einer angemessenen heilsgeschichtlichen Deutung führen. Indem die Gattung »Verkündigungserzählung« herausgearbeitet wird, kann diese Schwierigkeit vermieden werden.

Andererseits soll die Erkenntnis der literarischen Gattung nicht das frustrierende Ende sein. Durch den Vergleich mit ähnlich gestalteten Texten kann die Tiefendimension ausgelotet werden, die sich hinter der stereotypen Darstellung einer Gattung verbirgt. Vielleicht kann in der Beschäftigung mit dem Text ein wenig spürbar werden, daß sich in dem plumpen Gefäß der Gattung dennoch frag- und staunenswerte Inhalte entdecken lassen.

1. Zuerst soll der Text in verteilten Rollen vorgelesen werden. Dazu überfliegen die Teilnehmer den Text und überlegen selbst, wieviele Sprecher erforderlich sind. Wenn die Rollen verteilt sind, dürfte die Spannung, die zwischen dem Auftreten der drei Männer und dem »Herrn« vorhanden ist, bereits deutlich sein. Eine redaktionskritische Erklärung braucht an dieser Stelle noch nicht gegeben zu werden.

Schema zu Schritt 2 und 3

	V. 1: Überschrift		
III	Abraham sieht sie, läuft, wirft sich nieder	*Zelteingang*	drei Männer
II	Einladung		»Tu, wie du gesagt hast«
		positive Beziehung, unterwürfig	
I	Abraham + Sara Abraham befiehlt Sara	*im Zelt*	
I	Abraham bedient	*unter dem Baum* Hinweis auf das *Zelt*	Männer fragen nach Sara
II	Sara lacht, zweifelt	*hinter der Zeltwand*	Verheißung: »In einem Jahr . . .«
		skeptische Beziehung	
III	Sara erschrickt, leugnet	Doch, du hast gelacht (einziges Wort des Herrn an Sara selbst!)	Herr spricht und offenbart sich

2. In Untergruppen wird nun die Struktur des Textes erarbeitet. Als Beobachtungskriterien werden vorgegeben:

a) Wer handelt, redet jeweils? Lassen sich Schwerpunkte verschiedener Personen in bestimmten Teilen der Erzählung erkennen?
b) An welchen Orten spielen die Szenen?
c) Hat die Geschichte einen Höhepunkt?
d) Gibt es auffällige Stellen, Spannungen?
e) Kommen Motive und Wendungen vor, die aus anderen Texten (auch außerhalb der Bibel) bekannt sind?

3. Die Auswertung erfolgt am besten in Form einer Tabelle oder Graphik (s. vorige Seite). Es soll darin deutlich werden, daß im ersten Teil des Textes ein deutlicher Schwerpunkt auf Abraham liegt, während es im zweiten Teil um Sara geht. Auch der Höhepunkt, die Sohnesverheißung, betrifft Sara.
Mit Hilfe der Graphik lassen sich eine ganze Reihe interessanter Linien durch den Text aufzeigen:

- Der Text ist symmetrisch konstruiert: Um eine neutrale Mahlszene (I) ranken sich die entscheidenden Aussagen.
- Vor dem Mahl steht die Einladung mit der befehlenden Antwort der drei Männer, nach dem Mahl folgt die Verheißung und die skeptische Reaktion Saras (II).
- Die sich gegenüberstehenden Abschnitte (II) zeigen zwei entgegengesetzte Haltungen. Abraham erweist den Fremden selbstverständlich eine überraschende Ehrfurcht, Sara dagegen bringt ihnen Mißtrauen entgegen. Die unbewußte Gottesnähe Abrahams (vgl. Gen 12) konkretisiert sich hier.
- Erst ganz am Ende gelangt Sara durch die erfolgte Gottesoffenbarung zu einer ähnlichen Haltung wie Abraham schon zu Beginn (Furcht – Ehrfurcht).
- Die personalen Beziehungen sind gestuft:
  Drei Männer = der Herr
  Abraham
  Sara
  Durch die Stufung zwischen Abraham und Sara in (I) wirkt die Begegnung zwischen den Männern und Sara noch drastischer. Gott selbst neigt sich gnädig zur ungläubigen Sara herab.

In die Graphik gingen bisher vor allem die Ergebnisse aus den Fragestellungen (a) und (b) ein. Die Teilnehmer werden selbst als Höhepunkt die Sohnesverheißung erkennen. Der Leiter kann nun auf die sicher vorhandenen Fragen bezüglich des Verhältnisses zwischen den drei Männern und dem Herrn eingehen und erklären, daß in Gen 18 eine alte Erzählung (Besuch der drei Gottesboten) bearbeitet worden ist.

Wendungen wie die Zeitangabe »übers Jahr« dürften aus Märchen vertraut sein und bestätigen den Eindruck, daß in der Geschichte eine feststehende Erzählstruktur vorliegt.

4. In Zweiergruppen vergleichen nun die Teilnehmer den Text Gen 18 mit Lk 1,26–38. Die Gattung Verkündigungserzählung wird deutlich:

Einleitung
Gottesbote kommt
Gruß (entspricht der Einladung und deren Annahme in Gen 18)
Furcht (Ehr-furcht bei Abraham)
»Du hast Gnade bei Gott gefunden«
Ankündigung
Namengebung (bei Isaak durch das Wort »Lachen« angedeutet)
Zweifelsmotiv
»Bei Gott ist kein Ding unmöglich«
Demütige Zustimmung der Frau (Furcht Saras)
Gehen des Boten

Bei der Auswertung im Plenum kann nun die Frage gestellt werden, welches Lebensgefühl und welche Erfahrungen hinter solch einer Erzählform stehen. Deutlich sollten die Aspekte werden, daß derart besonders verheißenen Kindern oft eine rettende Funktion zukommt (vgl. auch Mose). So wird eine Verkündigungserzählung eine Trostgeschichte in schweren Zeiten genannt werden dürfen. In ihr kommt zum Ausdruck, daß für Gott kein Ding unmöglich ist und (auf sehr menschliche Weise) überraschende Wendungen eintreten können.

5. Meditation

Die Gedanken der Teilnehmer werden in einer Schlußbetrachtung vom Leiter aufgegriffen. Als Bild kann dazu eingesetzt werden:

- Abraham, der wegzieht
- Abraham und Isaak
- ein Menschengesicht
- geöffnete Hände

Impulse, die sich zur Meditation anbieten:

- Jesus als neuer Isaak, unerwarteter, einziger
- geopfert (beinahe?)
- du hast gelacht . . . lachst du noch?

Gott, der gerechte Richter der Welt

Genesis 18,16–33

Zwischen der Abraham-Mamre- (18,1–15) und der Lot-Sodom-Überlieferung (19) steht ein zweiteiliger Abschnitt 18,17–33; V. 16 gibt dazu die Situation an. Der Abschnitt besteht aus einem Prolog (V. 17–19: Selbstgespräch Gottes; V. 20f: Rede an Abraham), der dem der Sintfluterzählung Gen 6,5–8(13) ähnlich ist, und einem Dialog zwischen Jahwe und Abraham (18,23–32). Der Ausgangspunkt für das Thema des Dialogs ist der Vernichtungsbeschluß Gottes über Sodom, der in V. 20f angedeutet wird; davon soll Abraham unterrichtet werden.

»Soll ich Abraham verheimlichen, was ich vorhabe?« (18,16–21)

Die Bemerkung in V. 16 von dem Aufbruch der Männer, die nach Sodom hinabblicken, und ihrer Begleitung durch Abraham ist die Überleitung zu einem Thema, das am Beispiel von Sodom illustriert wird.

Im Prolog als der Einleitung zum Gespräch zwischen Gott und Abraham werden verschiedene Gedanken über Abrahams Stellung zusammengefaßt. Im ersten Teil (V. 17–19) läßt der Erzähler Gott eine Reflexion anstellen. Abraham soll in den Plan Gottes, die Stadt Sodom wegen ihrer Schuld zu vernichten, eingeweiht werden (vgl. Am 3,7; Jer 23,18.22). Die Vertrauensstellung Abrahams gründet jedoch nicht in seiner Person, sondern in seinen besonderen Aufgaben.

Das erste Motiv für Gott, Abraham seinen Plan bekanntzumachen, ist die Verheißung, die an Abraham ergangen war und mit der er zum Segensmittler für alle Völker bestimmt worden war (V. 18; vgl. 12,2f; 17,4–6; 22,17f). Das zweite Motiv sieht Abraham als »erkannten« (= erwählten) Gesetzeslehrer, als Lehrer »des Weges des Herrn« für »seine Söhne und sein Haus«, d. i. Israel; der Gehorsam Israels ist die Voraussetzung, daß Gott seine Verheißungen, die Abraham gegeben waren, erfüllen kann (V. 19; vgl. 22,15–18; 26,5)

Gegenüber V. 18 ist in V. 19 der Blick auf Israel eingeschränkt.

In V. 20f liegt die Mitteilung Gottes an Abraham vor. Gott will die Sündhaftigkeit Sodoms überprüfen; der »Klageschrei über Sodom« als Reaktion auf die dort geübten Gewalttaten ist ein Indiz dafür (vgl. Gen 4,10; Jer 20,8). Gott tut nichts willkürlich; er verurteilt nicht nur nach dem Hörensagen (vgl. Gen 11,5.7). V. 22 stellt die Situation dar, in der sich Abraham und Jahwe »unter vier Augen« gegenüberstehen. Die beiden Begleiter gehen auf Sodom zu (vgl. V. 19).

Darf der Richter der Erde ungerecht sein? (18,23–26)

In einem Dialog zwischen Abraham, dem Vertrauten Gottes (V. 18) und dem Lehrer des Weges Jahwes (V. 19), und Jahwe wird am Beispiel Sodoms eine theologische Frage diskutiert; das Gespräch ist für den Erzähler die Gattung, in der er ein vermutlich zu seiner Zeit diskutiertes Problem, eine Sorge, behandelt (vgl. in Ägypten: »Gespräch des Lebensmüden mit seiner Seele«).
Es ist zunächst in V. 23 so formuliert: »Willst du auch den Gerechten mit den Ruchlosen wegraffen?« Aus der Erfahrung gibt es genügend Beispiele dafür, daß mit Gottlosen auch Gerechte umkommen (Krieg, Katastrophen, Unglücksfälle); besonders drastisch formuliert dies Ijob in seiner Leidenssituation (vgl. Ijob 9,22). Man fragte offenbar in der Zeit der Abfassung von Gen 18,17–32, ob dies richtig sei. In den weiteren Fragen Abrahams (V. 25) wird mit Nachdruck der Standpunkt vertreten: Gerecht geht es nur zu, d. h. Gott handelt nur dann gerecht, wenn die Gerechten nicht dasselbe Schicksal, die Vernichtung, erleiden müssen wie die Gottlosen. Die Ungerechten verdienen zweifellos die göttliche Strafe (vgl. Ps 1,4f; Ijob 20,4–29 u. ö.). Nur: Darin dürfen nicht auch diejenigen eingeschlossen werden, die sich an die Weisungen Gottes halten. Es gehört zur Gerechtigkeit Gottes, zu differenzieren. Als Höhepunkt in der Argumentation Abrahams ist die letzte Frage in V. 25 zu betrachten: Als Richter über die ganze Erde muß Gott gerecht handeln (1 Kön 8,32; vgl. Ijob 8,3; 34,10–12; Ps 94,2–7; 96,10.13). Gerecht ist Gott dann, wenn die Gerechten nicht mit den Gottlosen vernichtet werden (vgl. Ps 94,12–14).

Das Alte Testament kennt hierfür verschiedene Möglichkeiten: Die Gerechten werden dadurch gerettet, daß sie aus der Masse der Gottlosen herausgelöst werden und das Unheil dann nur über die Gottlosen kommt (vgl. Sintfluterzählung Gen 6,5–9,17; Ez 14,12–20). – Der Böse wird aus der Gemeinschaft entfernt (vgl. Dtn 21,1–9; Jos 7). – Die Gottlosen kehren um und werden dann auch selbst gerettet (vgl. Jer 18,7–10; Ez 18; Jona 3f).

Von den verschiedenen Möglichkeiten, daß die Gerechten vor dem Schicksal der Gottlosen bewahrt bleiben, greift der Abraham der Erzählung die eine heraus, daß Gott dem ganzen sündigen Ort, den Bewohnern Sodoms, vergibt um 50 Gerechter willen, die dort leben (V. 24.26). Gott ist dann gerecht, wenn er die Gerechten auf diese Weise am Leben läßt.
Gott läßt sich auf den in Frageform gekleideten Vorschlag Abrahams ein (V. 24). Es geht hier nicht einfach um Verschonung der Gottlosen, sondern auch um die Vergebung ihrer Schuld (V. 24b.26b). Gott ist nicht an den Kausalzusammenhang von Sünde und Strafe (Unheil) gebunden (vgl. Gen 8,21). Im Unterschied zu Jer 18,7–10 wird von den Schuldigen nicht einmal die Umkehr gefordert. An sich sollen nur die Gerechten gerettet werden. Doch haben diese Gerechten, um derentwillen Gott die Stadt verschont, auch eine »heilsmittlerische, lebensvermittelnde Funktion« für die Ungerechten – nicht im Sinne von Sühne, sondern durch ihre bloße Existenz inmitten der Gottlosen.

»Vielleicht finden sich dort nur zehn« (18,27–32)

Der Dialog zwischen Abraham und Gott ist kein »Gelehrtengespräch« (D. Arenhoevel), sondern spielt sich in der Art eines orientalischen Handels ab. Abraham ist sich bewußt, vor Gott nichts zu sein (vgl. V. 27.30.31.32). Doch hat er gute Argumente für sich, vor allem das Argument, daß Gott sich an das Recht hält (V. 25), aber auch die Tatsache, daß Gott ihn zu seinem Vertrauten gemacht und dadurch als gleichberechtigten Gesprächspartner anerkannt hat (V. 17–19). So verbinden sich bei Abraham Demut und Offenheit vor Gott.
Abraham – als exemplarisch Gerechter (vgl. V. 19) – wendet sich in sechs sich steigernden Fragen mit immer kleineren Zahlen an Jahwe. Sinn dieser Steigerung ist die Frage, wie wertvoll Gott die Gerechten sind. Das Ergebnis: Gott ist sogar bei einer Minderheit von zehn Gerechten bereit, dem schuldigen Ort zu vergeben, um auf diese Weise die Gerechten am Leben zu erhalten. Der Erzähler läßt Abraham bei der Zahl Zehn aufhören und gibt damit nur die Richtung des Weges an, auf dem Gott als gerechter Richter zu suchen ist. Jer 5,1 geht noch weiter: »Sucht . . ., ob

einer da ist, der Recht übt . . .: Dann will ich der Stadt verzeihen.«
Vielfach wird Gen 18,16–32 als Text betrachtet, der Abraham als Fürbitter für Sodom zeige (z. B. von H. Gunkel, O. Procksch, G. von Rad, W. Zimmerli, J. Scharbert). Doch tritt hier Abraham nicht für das schuldige Sodom ein, sondern – wenn man schon von Fürbitte sprechen will – für die Gerechten in Sodom, und fragt dabei, wie Gottes gerechtes Handeln angesichts von Minderheiten Gerechter inmitten vieler Gottloser sich verwirklicht.

Praxis

Vorschlag A: Probleme und Antworten

Nach Auffassung der meisten Ausleger soll diese Geschichte ein Problem bzw. eine offene Frage des Glaubens behandeln und zu einer Antwort darauf verhelfen.
Worum geht es? Was will die Geschichte zeigen?
Das soll und kann sich eine Gruppe auch selbst erarbeiten. Die Teilnehmer bilden Untergruppen (2–4 Personen) und beschäftigen sich mit dem Text unter folgender Fragestellung (die schriftlich auf einem DIN-A 4-Blatt im Querformat mitgegeben werden kann, auf das dann die Gruppenergebnisse geschrieben werden):

- Welche Probleme des Glaubens sind in dieser Geschichte angesprochen?
- Was soll der Leser/Hörer dazu aus der Geschichte erkennen/lernen?

Im Plenum werden die Ergebnisse vorgetragen und diskutiert. Folgende Aspekte kann der Leiter von sich aus (mündlich oder schriftlich) zur Gruppenarbeit bzw. zu den Gruppenergebnissen beisteuern:

Probleme des Glaubens	*Antworten und Erkenntnisse aus der Geschichte*
Welchen Anteil haben (bestimmte) Menschen an den »Plänen« und »Entscheidungen« Gottes?	Manchen Menschen werden besondere Erfahrungen und Erlebnisse mit Gott zuteil.
Wie »menschlich« denkt und handelt Gott?	Gott kommt manchen Menschen sehr nahe.
Läßt er sich Fragen, Argumente, Vorwurf gefallen?	Er läßt sich (in Gedanken und Gebeten von Menschen) darauf ein, sein Handeln unserem begrenzten Verstand nahezubringen.
Stellen sich die Folgen bösen Verhaltens nicht von selbst ein, sondern nur dann wenn Gott »straft«?	
Müssen »Unschuldige« mit den Schuldigen leiden?	In dieser Geschichte werden wir an die Frage nach (Recht und) »Gerechtigkeit« herangeführt.
(Wie) Kann die Strafe so zugeteilt werden, daß sie den jeweiligen Vergehen entspricht?	Muß man aus der Geschichte nicht entnehmen, daß auch Gott als Richter nicht ganz gerecht sein kann?
Haben Schuldige einen Vorteil davon, daß sie unter Menschen mit weniger Schuld bzw. »Schuldlosen« leben?	Durch beharrliches Bitten und Gebet läßt sich wenigstens die Chance erreichen, daß die Folgen von Untaten nicht so schlimm ausfallen.
»Schuldlose« sind offenbar weitaus in der Minderheit. In welcher Anzahl fallen sie beim Abwägen der Folgen einer Schuld ins Gewicht?	Dieses »Feilschen« mit Gott ist unwürdig.
Ist es Gottes Nachsicht, daß er die Städte wegen 10 Gerechter verschonen will, oder will er es Abraham zuliebe tun?	Vom Verhalten einzelner hängt oft das Schicksal vieler ab.
Warum hört Gott bei 10 »Unschuldigen« auf? Warum hatte Abraham schließlich doch keinen »Erfolg«?	Nach soviel Entgegenkommen und Nachsicht Gottes muß eigentlich jeder das Strafgericht für gerechtfertigt halten.

Vorschlag B: Kritischer Dialog

Die oben genannten Fragen und Argumente werden auf kleine Kärtchen geschrieben. Die Teilnehmer bilden zwei Gruppen: auf der einen Seite die kritisch Fragenden (sie erhalten Sätze der linken Seite), auf der anderen Seite die Antwortenden (sie erhalten die Aussagen, die auf der rechten Seite stehen). Sie lesen die Kärtchen und den Text und bereiten sich darauf vor, an Vertreter der anderen Gruppe (wenn möglich in einem »Rollenspiel«) kritische Fragen zu dem ausgewählten Text zu stellen und Antworten zu geben. (Hierbei können auch Untergruppen gebildet werden, die dann im Plenum nacheinander in ein Gespräch eintreten. (Inwieweit sie die Sätze auf den Kärtchen dabei übernehmen wollen, bleibt ihnen überlassen.)
Zum Schluß kann gemeinsam festgestellt werden, welche Aussagen auf den Kärtchen den Teilnehmern wichtig waren und mit welchen Aussagen aus der Diskussion sie gegebenenfalls ergänzt werden könnten. Die ersten drei Fragen/Probleme können in eine Rangfolge gebracht werden.

Vorschlag C: Und heute?

Ausgehend von dem Text werden zunächst in Untergruppen, dann im Plenum Beispiele dafür gesammelt:

- welche Mißstände bei uns heute »zum Himmel schreien« (hierzu können auch Bilder gemalt oder gezeichnet werden);
- wo und wie heute »Unschuldige« mit den Schuldigen leiden müssen;
- wer heute (von uns oder anderen) zu den »Schuldigen« und »Unschuldigen« gezählt wird;
- wer heute so »eingeweiht« ist, daß er/sie Unheil kommen sieht und versucht, etwas dagegen zu tun.

Müssen wir heute tatsächlich Angst vor einer globalen Katastrophe haben – oder sind die Aussichten für uns besser? Wie sehen wir das Problem als Christen – im Unterschied zum Alten Testament?
Der Leiter muß hier unter Umständen die Schuldzuweisungen in Frage stellen, falls sich das nicht so von selbst aus dem Gespräch ergibt.

Geburt Isaaks und Erprobung Abrahams

Genesis 21,1–7 und 22,1–19

Isaak, der Sohn der Verheißung (21,1–7)

Mit Gen 21,1–7(8) wird der Geschehensbogen »Kinderlosigkeit (Gen 11,30) – Verheißung des Sohnes« (Gen 15; 17; 18) durch die Geburt des verheißenen Sohnes abgeschlossen.

Die verschiedenen Rückbezüge in 21,1–7 (1a: »wie er gesagt hatte«; 1b: »wie er gesprochen hatte«; 2: »zu der Zeit, die Gott ihm gesagt hatte«) verbinden die Geburtserzählung mit den drei Verheißungstexten Gen 15,1–6; 17,16–19a und 18,10–14. Dasselbe geschieht durch die Wendung »Sohn seines Alters« (21,2.7b; vgl. V. 5). 18,10.14 und 17,21 sprechen vom Zeitpunkt der Geburt des Sohnes. Aus den Rückbezügen wird deutlich: Die Erzähler bzw. der Pentateuchredaktor wollen betonen, daß Jahwe trotz des Zweifels der Sara und menschlicher Unmöglichkeiten (vgl. 18,1–15) sein Versprechen einlöst.

Der Herr nahm sich Saras an (21,1–5)

Sara wird tatsächlich die Mutter des verheißenen Sohnes. Gott führt so die Geschichte des Heils für sein Volk ein Stück weiter. Gerade die wiederholte Betonung »wie er gesagt hatte« bzw. »er nahm sich an«/»er tat so« deutet an, daß der nun geborene Sohn wirklich nach dem Willen Jahwes ist – im Unterschied zum Sohn aus dem eigenmächtigen Handeln von Abraham und Sara in Gen 16,1–6. Das Verbum »sich (jemandes) annehmen« (wörtlich: »heimsuchen«) in V. 1a drückt die gnädige Zuwendung Jahwes aus. Dieser Heimsuchung Jahwes folgt sein Eingreifen, das Tun an Sara (V. 1b). Sara wird Mutter.
Die Feststellung, Abraham habe seinen Sohn beschnitten (V. 4), greift auf Gen 17,10(11–13), die Angabe des Alters Abrahams (V. 5) auf Gen 17,1.17 zurück (priesterschriftlich).

Sara aber sagte: Ein Lachen hat Gott mir gemacht (21,6f)

V. 6 enthält einen rhythmischen »Freudenruf« Saras über die unbegreifliche Geburt Isaaks. Durch die dichterische Form wird der Höhepunkt der Erzählung bzw. des Erzählungszyklus mar-

kiert. Die Unbegreiflichkeit, daß es Israel gibt, spiegelt sich in der staunenden Freude Saras über die Geburt Isaaks wider. Dieses Staunen ist in V. 6 auch durch das Wortspiel mit dem Isaaknamen ausgedrückt. Der Name Isaak/Jizḥaq wird mit dem Verbum *zḥq* = lachen in Verbindung gebracht. »Isaak« = »Jizḥaq« ist ein Satzname. Er heißt in voller Länge *Jizḥaq 'el* = »Gott möge (über dem Kind) lächeln«.
In V. 6 wird der Name durch zwei Deutungen erklärt:

a) Sara kann vor Freude über die Geburt des Sohnes lachen; Gott hat ihr Grund dazu durch die Geburt des Sohnes gegeben. Es ist ein staunendes Lachen, das Gott ihr durch die Geburt bereitet, ihr, der Unfruchtbaren (vgl. 1 Sam 2,5; Ps 113,9).
b) Die Umgebung Saras wird ihre Freude über die Geburt des Sohnes ausdrücken: »Jeder, der davon hört . . ., lacht mir zu« (oder: »lacht mit mir«).

V. 7 spricht deutlich die Geburt des Kindes an, und zwar auf dem Hintergrund des Alters Abrahams (vgl. 17,1; 18,12). Hier rückt wieder Abraham ins Zentrum, für den Isaak der verheißene Sohn ist.

Mit Abrahams und Saras Sohn Isaak hat das »große Volk« (12,2), die »zahlreiche Nachkommenschaft« (13,14–17; 15,5; 17,4–6), Israels Existenz, begonnen. Es verdankt von Anfang an sein Dasein Gott. Die Bindung Gottes an Israel (vgl. 15,7–18; 17,4.7), sein machtvoller Wille (vgl. 18,14) stehen schon hinter den Anfängen der Geschichte des Volkes. Gott steht zu Abraham-Israel trotz manchen Versagens (vgl. 12,10–20; 16,1–6; 18,12–13). Abraham-Israel kann Gott im Grunde nichts anbieten (vgl. 18,11). Die einzige, wenn auch wichtige Antwort auf Gottes Wirken ist der Glaube (15,6), das rechtschaffene Leben (17,1), die Annahme des Bundesangebots (17,9–13).

Der drohende Verlust der Verheißung (22,1–19)

Die Erzählung von der (von Gott geforderten) Opferung Isaaks durch Abraham gehört sicher zu den anstößigen Texten des Alten Testaments. Aus der Antike, auch aus der kanaanitischen Umwelt Israels gibt es zahlreiche Zeugnisse für den religiösen Brauch des Menschenopfers, auch von Kinderopfern. Der Grundgedanke war, der Gottheit – meist in größter Not – gerade das Liebste zu geben. Im Alten Testament wird in der Regel das Menschenopfer abgelehnt (vgl. 1 Kön 16,34; Jer 7,31; 19,5; 32,35; Ez 16,20; 23,37; Mi 6,7; Ps 106,37f usw.) Nur in Ri 11,30f und Gen 22 wird davon kritiklos berichtet. Für den Erzähler von Gen 22 geht es nicht um ein Kinderopfer an sich, sondern um die wahre Gottesfurcht, die mit der Erzählung veranschaulicht werden soll. Das Zentrum ist nicht das (verhinderte) Opfer, sondern das Gespräch zwischen Abraham und Isaak in V. 7–8. Um dieses Gespräch herum sind die einzelnen Erzählungsteile gruppiert; V. 15–18 sind eine jüngere (deuteronomistische) Erweiterung.

1a	Überschrift: Prüfung der Gottesfurcht
1b.2	Gesprächseröffnung, Befehl zum Opfer
3–6	Aufbruch und Wanderung
7–8	Gespräch zwischen Isaak und Abraham
9–10	Ankunft, Vorbereitung zum Opfer
11–12a	Gesprächseröffnung, Widerruf des Opfers
12b	Feststellung der Gottesfurcht
13f.19	Ausklang (15–18 Erweiterung)

»Nimm deinen Sohn, deinen einzigen ...« (22,1f)

Die Erzählung wird in V. 1a mit einer Art Überschrift eingeleitet. Mit ihr interpretiert der Elohist das Erzählte als »Prüfung durch Gott«. Dadurch wird im voraus dem Ereignis das Anstößige etwas genommen, wenigstens für den Hörer und Leser. Für Abraham bleibt die Sache todernst. Die Spannung liegt in der Frage: Wird Abraham die Probe bestehen? Der Gegenstand der Prüfung ist in V. 12 genannt: die Gottesfurcht.

Für das Alte Testament ist es selbstverständlich, daß Gott den Menschen prüfen kann. Dies widerspricht nicht seiner Allwissenheit. In Prüfungen zeigt der Mensch seine Treue zu Gott oder er deckt seine Untreue auf. Erzählungen von bestandenen Prüfungen haben außerdem eine Wirkung auf den Hörer und Leser und fordern zur Nachahmung auf. Prüfungen durch Gott geschehen durch Grenzsituationen. Das Leid kann eine solche sein. Im Leid kann der Mensch nach der Festigkeit und Dauerhaftigkeit seines Gottesverhältnisses gefragt sein (vgl. Ijob).

In V. 1 wird ausdrücklich gesagt, daß Gott die Erprobung des Abraham herbeiführt. Dadurch soll die Auffassung ausgeschaltet werden, daß Abraham von einem blinden Schicksal getroffen wird. Gott ist auch dort da, wo er den Menschen einer Not überläßt oder gar an eine äußerste Grenze führt.

In V. 2 ist die Grenzsituation Abrahams beschrieben: Isaak soll als Brandopfer (Ganzopfer) dargebracht werden. Auffällig sind die drei Beifügungen zum Namen Isaak: »dein Sohn, dein einziger, den du liebst«. Der Erzähler will damit sicher zunächst auf die Schwere der Forderung Gottes hinweisen. Es geht aber nicht nur um das Opfer eines Sohnes, an dem Abraham hängt, sondern um mehr: Isaak ist für Abraham der »einzige Sohn«, nachdem Ismael nach Gen 21 als Träger der Verheißung ausgeschieden war. An Isaak allein hängt es, ob die Verheißung zahlreicher Nachkommenschaft in Erfüllung geht. Er ist als Kind der Verheißung die Zukunft Abrahams, und auch die Zukunft Gottes selbst. In der Auffassung Israels sind Vater und Sohn eins. Wenn dem Sohn etwas zustößt, dann wird der Vater selbst dadurch getroffen. Diese Einheit von Vater und Sohn, Abraham und Isaak, wird durch die wiederholte Aussage »dein/sein Sohn« (2a.3a.6a.8a.9b.10b.12b.13b) besonders betont, auch durch die Wendung »und die beiden gingen miteinander« (wörtlich: »und es ging ihre Zweiheit als seine Gesamtheit«; vgl. 6b.8b; vgl. 19b). Dazu kommt als Zweites: Wenn dem Sohn etwas zustößt, wird auch die Gültigkeit und Glaubwürdigkeit der göttlichen Verheißung in Frage gestellt. Gott hat Abraham die verheißene Zukunft anfanghaft in seinem Sohn Isaak schon erfüllt. Und nun verlangt derselbe Gott diesen Anfang und damit alles wieder zurück. Gott handelt anscheinend seinem eigenen Wort zuwider.

Frühmorgens stand Abraham auf (22,3–6)

Wie beim Jahwisten in Gen 12,4a macht sich Abraham auch hier gehorsam auf den Weg, um das Geforderte zu erfüllen. Hier wird ein erster Zug von Abrahams Gottesfurcht deutlich. Gottesfurcht bedeutet zunächst »Gehorsam gegenüber dem Auftrag Gottes«, »sich fügen in das von Gott Bestimmte«.

Zu Gen 12,4a besteht aber ein wesentlicher Unterschied. Dort bricht Abraham mit einer göttlichen Verheißung (Land, großes Volk, Segen) auf. In Gen 22 bricht er auf, »um die ihm zuteil gewordene Verheißung zu Grabe zu tragen« (R. Kilian, 69).

Abraham trifft alle notwendigen Vorbereitungen für das Opfer des Sohnes. Nach drei Tagen Wanderung (»drei Tage« sind in der Bibel oft die Frist zur Vorbereitung wichtiger Ereignisse; vgl. Ex 3,18; 5,3; 8,23), als der Ort sichtbar wird, trennt sich Abraham von seinen Knechten. Der Erzähler konzentriert das Interesse des Lesers und Hörers auf Abraham, den Vater, und Isaak, seinen Sohn. Als Zweck der Wanderung wird angegeben: »Ich . . . und der Knabe wollen dorthin gehen und anbeten und dann wieder zu euch zurückkehren.« Dieser Satz dient nicht der Verschleierung des wirklichen Vorhabens durch Abraham, sondern soll den Hörer und Leser an den glücklichen Ausgang erinnern. Zugleich wird ein wichtiger Zug der elohistischen Abrahamsgestalt gezeigt. Abraham vertraut ganz auf Gott. Der Glaube sagt ihm, daß er seinen Sohn opfern muß und also allein zurückkehren wird; er sagt ihm aber auch, daß er mit seinem Sohn (= als Ganzer) zurückkehren wird. Es ist ein echtes Paradox, das hier geschildert wird.

»Wo ist das Lamm für das Brandopfer?« (22,7f)

Die Verse 7–8, ein Gespräch zwischen Abraham, dem Vater, und Isaak, seinem Sohn, spielen eine zentrale Rolle innerhalb der Erzählung. Es wird eingerahmt durch die Bemerkung am Anfang und am Ende: »Und die beiden gingen miteinander.« Auffällig ist die betonte Hervorhebung der Einheit von Vater und Sohn. Trotz dieser Einheit soll Abraham aber erfahren, daß sein Sohn ihm nicht gehört. Das Gespräch deutet weiter an, was »Gottesfurcht« im Sinne des Elohisten ist. Es bereitet auch schon die Lösung von V. 13 vor. Isaak stellt die Frage nach dem Opfertier. Abraham antwortet mit einem Hinweis auf Gott. Dies ist – ähnlich wie in V. 5b – keine Ausrede oder Verschleierung der Absicht Abrahams, keine verlegene Antwort, aber auch kein Zeichen der Hoffnung, daß der Befehl Gottes abgewendet wird.

Abraham hofft sicher auch nicht im Sinne des Hebräer-Briefes (Hebr 11,17f), daß Gott Isaak von den Toten auferwecken und ihm zurückgeben wird. Dies steht außerhalb der Erwartung des Alten Testaments in dieser Zeit.

Mit seiner Antwort in V. 8 zeigt der Elohist die vorbildliche Haltung Abrahams in dieser Situation. Abraham ist gottesfürchtig, d.h. in diesem Fall: Er weist in seiner aussichtslosen Situation auf Gott hin. Abraham möchte Isaak in diesen Hinweis auf Gott hineinnehmen, deshalb die Anrede »mein Sohn«. Gottesfurcht in diesem Sinn ist: Noch in der äußersten Gefahr auf Gott schauen, am Rand des eigenen Untergangs auf Gott verweisen, auf den sich ersehenden Gott hinzeigen.

Schon streckte Abraham seine Hand aus (22,9f)

Sieben Zeitwörter schildern nach der Ankunft das Tun Abrahams, sechs davon die Vorbereitungen zum Opfer, angefangen vom Altarbau bis zum Nehmen des Messers. Das siebte Verbum gibt das Ziel der Vorbereitungen an: »um seinen Sohn zu schlachten«. Es bringt aber zugleich den Umschwung, bringt die Wende.

»Jetzt weiß ich, daß du gottesfürchtig bist« (22,11f)

In den Versen 11–12 wendet sich das Geschehen. Der letzte, äußerste Schritt, der Untergang Abrahams und damit auch der Untergang der Verheißung, wird verhindert. Gott wird dabei relativ jenseitig geschildert: nicht Gott selbst spricht, sondern der Engel/Bote Jahwes, und zwar »vom Himmel her«. Der Widerruf wird damit begründet, daß Gott »nun weiß«, daß Abraham »gottesfürchtig« ist. D.h.: Abraham hat in einer konkreten Situation, in der äußersten Gefahr für seine Zukunft, angesichts einer hoffnungslosen Zukunft, seine Gottesfurcht – seine Beziehung zu Gott – als Grundhaltung seines Gottesverhältnisses bewahrt. Es ging nicht um die Prüfung der Leidensfähigkeit Abrahams, nicht um die Prüfung der Liebe eines Vaters zu seinem Sohn, sondern um die Prüfung des Verhältnisses Abrahams zu seinem Gott. Nicht die Bereitschaft zur Tötung des Sohnes an sich ist Zeichen der Gottesfurcht, sondern die Bewahrung des Gottesverhältnisses trotz des Opfergebotes, die Bereitschaft, Gott zu geben, was von Gott gegeben war, und gerade darin die Gottesverbundenheit zu zeigen. Der von Gott zurückgegebene Sohn ist dann neu ganz Gabe Gottes.

Abraham brachte den Widder anstelle seines Sohnes dar (22,13f)

Abraham ist zu einem Opfer aufgebrochen. Er bringt es dar. Allerdings ist es ein »Ersatzopfer«, »anstelle des Sohnes«. Der Name des Ortes »Jahwe sieht« ist ein Gotteslob. Es ist eine Reaktion Abrahams auf seine Erfahrung am Rande seines Untergangs. Damit geht in Erfüllung, was Abraham im Vertrauen auf Gott in V. 8 ausgesprochen hat, obwohl er diese Lösung nicht erwarten konnte. Abraham, der auf den »(sich) (er)sehenden Gott« hingewiesen hat, erfährt, daß Jahwe (Gott) sieht. Gott bleibt auch in der äußersten Not Abrahams, beim scheinbaren Verlust der ihm gegebenen Verheißung, der nahe, der »sehende Jahwe« (vgl. Gen 16,13), bzw. der »erscheinende Jahwe« (V. 14b).

Weil du das getan hast, will ich . . . (22,15–18.19)

In dem jüngeren Nachtrag (V. 15–18) ist die Gottesfurcht Abrahams der Grund, daß Gott die Zusage zahlreicher Nachkommenschaft und den Sieg über die Feinde wahrmacht. Der Segen, die reiche Nachkommenschaft und der Sieg über die Feinde sind der Lohn für das gehorsame Verhalten Abrahams (anders in Gen 12,1–3: Verheißungen als freies Geschenk Jahwes an Abraham). Der gehorsame Abraham wird zur Quelle des Heiles für Israel. Der Gehorsam Israels wird zur Quelle des Segens für die Völker der Erde (vgl. V. 18). Abraham wird so zum Vorbild und Heilsmittler des Alten Bundes und durch ihn Israel als die Nachkommenschaft Abrahams zum Segensvermittler für alle Völker (vgl. Röm 5,19).

V. 19 bringt die Erzählung zum Abschluß. Auffallend ist, daß der Name Isaak hier nicht mehr eigens genannt wird.

Der Sinn der Erzählung für Israel

Abraham-Israel sollte Isaak = die verwirklichte Verheißung ganz als Gabe Gottes betrachten, die Gott auch zurückfordern kann. Die Erfahrung vom drohenden Verlust der Verheißung kann das Geschenkhafte der Verheißung deutlich werden lassen. Die Gottesfurcht Abraham-Israels besteht darin, am Rande des eigenen Untergangs, in der Situation der anscheinend verlorengehenden Verheißung noch an Gott festzuhalten und auf ihn hinzuweisen. Gerade am Rande des eigenen Untergangs erfährt Abraham-Israel das weitere Leben als Geschenk Gottes, von dem er (es) immer wieder neu lebt. Die Zukunft Abraham-Israels ist immer eine von Gott geschenkte Zukunft.

Praxis

1. Thema: Glaube in der Krise

Bei Abraham droht der Weg des Glaubens in einer Sackgasse zu enden. Gottes Weisung scheint Gottes Verheißung zu widersprechen. Derselbe Glaube, der ihm Leben und Zukunft verheißt – und Isaak bedeutet die ganze Zukunft Abrahams –, führt ihn allem Anschein nach in den Tod, in den endgültigen Untergang.

Was fängt der Mensch in Grenzsituationen mit diesem Paradox

des Glaubens an? Weicht er der unerträglichen Spannung aus durch Flucht in Krankheit, Verdrängung, Betäubung oder Geschäftigkeit? Verharmlost er den Ernstfall der Entscheidung? Gibt er sich und seine Zukunft auf? Erstarrt er in Schmerz und Verzweiflung? Oder stellt er sich wie Abraham der Zerreißprobe:

- im Vertrauen auf das Leben, das im Tode erwächst;
- im Hinhören auf die Stimme des Ganz-Anderen (22,12);
- in der Bereitschaft, einen neuen Weg in die Zukunft zu gehen (22,13);
- im Glauben an den Gott, der uns in die Krise (22,1) und in der Krise (22,11) ruft, der sich unser annimmt (21,1), uns ansieht (22,14), der unser Leben will;
- in »Gottesfurcht« (22,12), die noch am Rande des Untergangs auf Gott schaut und verweist (22,8)?

I. Projektive Phase

Vorschlag A: Im Raum steht ein großer Wegweiser mit der Aufschrift »Weg zum Leben«, außerdem sind einige Bilder und Schriftworte angebracht, die Leben verheißen, z.B. aufbrechende Knospe, Kindergesicht, Sonnenaufgang, lebendiges Wasser . . . »Bei Dir ist die Quelle des Lebens« – »Wer Dich findet, findet das Leben« – »Du zeigst mir den Weg zum Leben« usw. Bei froher Musik schauen sich die Teilnehmer im Raum um.

Abrupt wird die Musik abgebrochen und Schild und Bilder umgedreht: Aus dem Wegweiser wird das Verkehrsschild »Sackgasse«, aus den Bildern des Lebens werden Bilder des Todes (Verkehrsunfall, Grab, eingestürztes Haus o.ä.), aus den Schriftworten werden Sätze wie »Am Ende ist doch alles umsonst« – »Absurd!« – »Holocaust!« – »Verseuchung unserer Erde« usw.

In der anschließenden Gesprächsrunde werden Gedanken, Gefühle und Erfahrungen ausgetauscht.

Vorschlag B: Auf der einen Seite des Raumes liegen Fotos von ausweglosen, auf der anderen solche von beglückenden menschlichen Situationen. Jeder Teilnehmer wählt sich je ein Foto, betrachtet beide für sich und bringt im Plenum ein, warum er diese Wahl getroffen hat.

Vorschlag C: Blindenführung

1. Im abgedunkelten Raum kauert der größere Teil der Gruppe mit geschlossenen oder verbundenen Augen am Boden, spürt den tragenden Grund, sieht aber nicht, wie es weitergehen soll.

2. Die übrigen Teilnehmer – die vorher instruiert wurden – gehen nacheinander auf einen Sitzenden zu, rufen ihn mit Namen, nehmen sich seiner an, lassen ihn aufbrechen, halten und führen ihn auf einem unbekannten Weg.

3. Nach Möglichkeit soll der Weg langsam schwieriger werden, z.B. über Stufen und Engstellen. Die führende Hand entzieht sich mehr und mehr und läßt den »Blinden« schließlich vor einer Wand stehen: Sackgasse!

4. Gespräch über die Gefühle und Erfahrungen bei dieser Übung. Wo ist es mir in meinem Leben vielleicht ähnlich ergangen?

Vorschlag D: Wie Vorschlag C, aber *alle* Teilnehmer machen die Übung mit geschlossenen Augen mit, das Gerufen- und Geführtsein, nur in der Imagination. Sie gehen den Weg geradeaus, bis sie an eine Wand stoßen.

II. Analytische Phase

Lesen beider Texte, den zweiten evtl. mit verteilten Rollen. Nach Klärung von Verständnisfragen kann die Struktur von Gen 22 gemeinsam erarbeitet werden und die Auslegung im Gespräch erfolgen.
Bei großer Teilnehmerzahl arbeiten Kleingruppen nach einer kurzen exegetischen Einführung mit Hilfe des Strukturschemas (s.o.) selbständig am Text und bringen ihre Gesprächsergebnisse ins Plenum ein.

III. Aneignungsphase

Unsere Grenzsituationen mit der Anfechtung Abrahams in Beziehung setzen, sein Verhalten mit unserem Verhalten, seinen Weg mit unserem Weg:

1. Auf jeden Fall sollte zuerst Möglichkeit zur persönlichen Reflexion gegeben werden, vielleicht mit den Denkanstößen, die in der Einleitung zu diesem Modell stehen (Text kopieren).

2. Daran kann sich ein Gespräch anschließen, bei dem Fotos, Bilder und Schild (Einstieg A und B) noch einmal einbezogen werden und ihnen vielleicht ein neuer Deutungs- und Bedeutungshorizont abgewonnen wird.
Wurde Einstieg C oder D gewählt, könnten sich alle zum Abschluß des Gesprächs noch einmal auf den Weg machen, vielleicht zur Musik, zu einem Lied, zu einigen meditativen Gedanken, vielleicht einander die Hand reichend.

2. Thema: Gott ist größer als unsere Vorstellungen von ihm

Die Aufforderung Gottes war für Abraham vielleicht nicht so grausam, wie sie uns heute erscheint. Seine Bereitschaft zum Opfer des Erstgeborenen war nicht geringer als die der Kanaaniter. Aber am Ende der Geschichte zeigt Gott, daß er kein Kinderopfer will, daß er größer ist als Abrahams Vorstellungen von ihm.

1. Schritt: Brainstorming

Die Teilnehmer schreiben ganz rasch – ohne viel zu überlegen – folgende Sätze zu Ende:

Gott will, daß . . .
Gott will nicht, daß . . .
Gott gebietet, daß . . .
Gott verbietet, daß . . .

Ohne näher darauf einzugehen, werden die Zettel eingesammelt. Evtl. Austausch darüber, wie die Teilnehmer dieses Brainstorming empfunden haben.

2. Schritt: Lesen des Bibeltextes und Spontanäußerungen dazu

Zuvor kurze Information über den religiösen Brauch des Kinderopfers in der Umwelt Israels.
Die Teilnehmer werden ermuntert, ihr Unbehagen an dem Text zu äußern:

Was ist das doch für ein unberechenbarer und widersprüchlicher Gott, der Menschen in die Zerreißprobe stellt, grausame Opfer fordert, Kinder leiden und sterben läßt?
Ist so unser Gott? Oder sind es die Bilder, die wir uns von ihm gemacht haben? Oder die Vorstellungen, die man vor uns hingestellt hat? Oder die Religionen, Ideologien, Systeme, Parteien, die seinen Namen tragen?

3. Schritt: Verfremdungen von Gen 22,13ff

Folgende drei Varianten, die Gen 22,13ff verändern (nach einer Idee von Axel Denecke in: Kontexte), werden vorgelesen:

1. Variation:

Als Abraham aufschaute und den Widder sah, rief er: »Hebe dich hinweg von mir, Satan, du kannst mich nicht in Versuchung führen. Gott ändert seine Gebote nicht.«
Und er schlachtete seinen Sohn und brachte ihn Gott zum Brandopfer dar. Dabei betete er: »Herr, ich bin dein gehorsamer Diener. Ich habe dein Gebot gehalten, unbeirrt. Denn du bist groß und erhaben, der Gleiche von Ewigkeit zu Ewigkeit.«
Gott aber sprach: »Ungehorsam bist du, Abraham! Einen neuen Weg habe ich dir gezeigt. Aber du hast nicht auf mich gehört, sondern auf *deine* Vorstellungen von mir. Nach rückwärts hast du geschaut und nicht nach vorn. Ge-horsam will ich, keine Opfer.«
Und Abraham kehrte zu seinen Freunden und Knechten zurück. Die fielen vor ihm nieder und priesen ihn: »Groß bist du, o Abraham! Was du getan hast – wer von uns hätte das gekonnt? Wir sind schwach, du aber bist stark. Du sollst unser Führer sein!«
Und sie geleiteten ihn in ihrer Mitte nach Beerscheba. Sie brauchten Gott nicht mehr zu suchen, denn sie kannten seine Gebote, unabänderlich, unumstößlich. Und Abraham achtete darauf, daß weiterhin Menschen geopfert wurden und alles beim alten blieb.

2. Variation:

Abraham brachte den Widder statt seines Sohnes zum Brandopfer dar. Dann kehrte er mit seinem Sohn zu seinen Knechten und Freunden zurück und erzählte ihnen von Gottes neuem Gebot.
Die Menschen aber entrüsteten sich, zerrissen ihre Kleider und schrien: »Du lügst, Abraham, du lästerst Gott. Wir kennen doch Gottes Gebot, und du kennst es auch. Wir wissen doch, was Gott will. Du aber liebst deinen Sohn mehr als Gott. Weil du ihm die Treue gebrochen hast, darum mußt du sterben.«
Und sie errichteten einen Brandopferaltar und schlachteten Abraham und Isaak zur Ehre Gottes. Sie riefen: »Groß ist der Herr, unser Gott! Abraham hat er in Versuchung geführt, und Abraham ist gefallen. Wir aber fallen nicht. Wir wissen, was Gott von uns will. Und verflucht sei jeder, der uns mit einem anderen, neuen Gebot kommt!« Sie verdächtigten einander, und keiner traute dem andern zu, daß er auch wirklich Gott gehorsam sei. So lebten sie in großer Angst voreinander.
Gott machte noch viele Versuche, den Menschen sein neues Gebot zu zeigen. Aber ein jeder seiner Boten, der Barmherzigkeit statt Opfer verkündete, wurde lächerlich gemacht, totgeschwiegen, gefoltert, ja umgebracht. Und so schlachteten sie schließlich auch Jesus von Nazaret, sie schlachteten ihn Gott zu Ehren.
Und Gott hörte auf, sich den Menschen zu zeigen. Die aber unterdrückten, bekriegten und opferten sich gegenseitig, Gott zu Ehren. Und die Welt ward wüst und leer.

3. Variation:
Und Abraham kehrte nach Beerscheba zurück und erzählte, was ihm widerfahren war: »Ein neues Gebot gab mir der Herr: Barmherzigkeit statt Opfer. Vergebung statt Vergeltung. Liebe statt Gesetz. Frieden statt Kriegsrüstung.«
Und die Menschen glaubten Abraham. Ihr Glaube war so groß, daß er ihr Leben veränderte. Allen erzählten sie von ihrer neuen Erfahrung: Gott ist größer als unsere Vorstellungen von ihm, größer als die Gebote, die wir kennen, größer als unser Herz. Er zeigt sich uns immer wieder anders. Wenn wir uns öffnen, hören wir ihn in vielen Stimmen, durch viele Dinge, durch viele Menschen, stets anders, aber immer den Gott, der da ist.
Und es entstand eine große Freude unter allen. Der Feind setzte sich mit seinem Gegner an einen Tisch, der Sklave wurde zum Freien, die Alten lauschten auf die Jungen und die Jungen auf die Alten. Und alle Schwerter wurden zu Pflugscharen umgeschmiedet. Denn das Reich Gottes ward mitten unter ihnen. Und als Gott am Ende der Tage seinen Sohn Jesus zu ihnen schickte, da wurde er mit offenen Armen empfangen. Sie feierten ein großes Fest, das Fest der Freunde Gottes. Und keiner ward ausgeschlossen.

4. Schritt: Gruppenarbeit

In drei Untergruppen besprechen die Teilnehmer die drei Verfremdungen und suchen Parallelen zu unserem Leben und unserer religiösen Praxis, auch zu unseren Gottesvorstellungen (s. 1. Schritt!).

Frageimpuls für Gruppe 1:
Wo kennen wir das aus unserem Leben, daß Vorstellungen von Gott, von seinen Geboten, von Kultformen, Glaubenssätzen und Institutionen *über* die Erfahrung und Begegnung mit dem lebendigen Gott gestellt werden?

Frageimpuls für Gruppe 2:
Wo haben wir persönlich erfahren, daß Vorstellungen von Gott und von seinen Weisungen, die von unseren eigenen oder von denen unserer Religionsgemeinschaft abweichen, als der Ketzerei, der Gottlosigkeit oder der Unredlichkeit verdächtig angesehen werden?

Frageimpuls für Gruppe 3:
Wo kennen wir das aus unserem Leben, daß wir aus überkommenen Vorstellungen von Gott und seinen Geboten herausgerufen und herausgefordert werden in ein größeres Leben?

5. Schritt: Plenum

Die einzelnen Gruppen bringen in selbstgewählter Form ihre Gesprächsergebnisse ins Plenum ein, z.B. durch eine Bildmontage, eine Spielszene, eine Beispielgeschichte, ein Gebet, ein Schuldbekenntnis usw.

6. Schritt: Der Kreis schließt sich

Jeder Teilnehmer nimmt wahllos einen Zettel von Schritt 1, schreibt seine neugewonnenen Einsichten dazu und legt ihn wieder zu den andern.
Zum Schluß werden alle Zettel ausgelegt, und die Teilnehmer können herumgehen und sie lesen.
Oder ein jeder sucht sein eigenes Blatt und befaßt sich mit dem Kommentar, der dazugefügt wurde.

Der durch Betrug erschlichene Segen

Genesis 27

Mit Gen 25,29 beginnt nach dem Abrahamzyklus der zweite große Komplex, der mit »Geschlechterfolge« (»Familiengeschichte«) Isaaks überschrieben ist und in 35,29 mit dem Bericht über den Tod Isaaks endet. Einen breiten Umfang nehmen darin die Erzählungen um den Isaaksohn Jakob ein; daneben taucht auch Esau auf (vgl. auch Gen 36).
Jakob und Esau sind Zwillingsbrüder (25,21–26), sollten also einander nahestehen. Doch entwickelt sich bei ihnen ein scharfer Konflikt. Esau ist der Erstgeborene und als solcher der Lieblingssohn seines Vaters Isaak; Jakob dagegen ist der Lieblingssohn seiner Mutter Rebekka (25,28). Jakob ist der Zartere, der den Beruf des Hirten hat, während Esau ein wilder Jäger ist (25,27). Gen 25,29–34 erzählt, wie sich Jakob das Erstgeburtsrecht von Esau durch ein Linsengericht erkauft. Jakob bleibt in Verbindung mit seiner Mutter der, der weiter die Oberhand über seinen Bruder Esau behält.

Als Isaak alt geworden war . . . (27,1–4)

Im Mittelpunkt der Erzählung Gen 27 steht das Bemühen der Söhne um den Segen des alten Isaak. Isaak hat vor seinem Tod die Absicht, seinen älteren Sohn im Rahmen eines Mahles, für das Esau sorgen soll, zu segnen (V. 1–4). Doch durch Listen, von Rebekka angestiftet, erreicht der jüngere Jakob den Erstgeburtssegen von seinem Vater (V. 6–26): durch das falsche Wildbret (V. 19.25), die übergestreiften Ziegenfelle (V. 21 f) und Esaus Kleider mit ihrem typischen Geruch (V. 26f), sogar durch die Lüge, daß er Esau sei (V. 19.24); er nimmt als Gipfel der Frechheit Gott in Anspruch – eine Lästerung Jahwes (V. 20).

Isaak segnete Jakob (27,27–39)

Der Inhalt des Segens, den Isaak irrtümlich über Jakob spricht, zielt auf das Volk, das sich auf den Stammvater Jakob zurückführt (»Israel«). Es wird ihm die Fruchtbarkeit der Felder Kanaans verliehen (V. 28), der Sieg über andere Völker, die Herrschaft über die »Brüder«, d. h. politische Vorherrschaft (vgl. Gen 24,60; 48,15–19; Num 24,3–9: Verbindung von Fruchtbarkeitssegen und Herrschaftssegen; vgl. auch Gen 49,8; Dtn 33,16).

Der letzte Teil von V. 29 ist ein Schutzwort für den Gesegneten (vgl. zu Gen 12,3). Der Fluch, d. h. der Tod, soll den treffen, der ihn Jakob wünscht. Wer jedoch zu Jakob steht, ihn als Gesegneten anerkennt, wird selbst (von Gott) Segen erlangen. Nach alttestamentlicher Auffassung ist ein solcher Segensspruch – einmal ausgesprochen – wirksam und nicht mehr rücknehmbar.

Dein Bruder hat mit List . . . den Segen geholt (27,30–40)

Der Erzähler verschweigt nicht, wie die Tat Jakobs zu beurteilen ist. Der Segen war »mit List« genommen worden (V. 35). Jakob hat seinen Bruder »hintergangen«, nach dem Kauf des Erstgeburtsrechts (25,21–26) zum zweiten Mal. In V. 36 wird dazu der Name »Jakob« durch das hebräische Zeitwort *ᶜaqab* (hintergehen, betrügen) gedeutet. »Jakob« wird als »Betrüger« verstanden; er heißt nicht nur so, sondern ist auch ein solcher (vgl. Hos 12,4). Der Segen Isaaks für Esau kann nicht gleichwertig sein; er enthält eher das Gegenteil von dem, womit Isaak den Jakob beschenkt hat (vgl. V. 37–40).
Vom erschlichenen Segen Jakobs lebt Israel, das Volk. Der Schuldige ist Träger der Verheißung (vgl. 25,23). Doch ist diese Erzählung vom durch Betrug erlangten Segen nicht ohne die vom erkämpften Segen (Gen 32,23–33) zu verstehen.

Praxis

Thema: Auf krummen Wegen zum Segen

Der Stoff dieser Erzählung ist so anschaulich und einleuchtend zugleich, daß es nicht schwierig wäre, daraus ein Drehbuch für einen Kriminalfilm zu schreiben. Spannung entsteht in der Geschichte dort, wo deutlich wird, daß Rebekka den Plan Isaaks vereiteln will. Sie will ihrem Lieblingssohn den Segen und damit auch die materiellen Vorteile zukommen lassen. Sie handelt aufgrund eines längst vorhandenen Familienkonflikts. Sie denkt nur an ihren Vorteil und an den Vorteil ihres Lieblings Jakob. Sie gewinnt diesen für ihren Plan (gegen seine Bedenken, daß es schiefgehen könnte) und scheut vor dem Betrug ihres Mannes und ihres Sohnes Esau nicht zurück. Das Komplott gelingt. Der Betrüger erhält den Segen, und daran kann auch die spätere Aufdeckung des Betrugs nichts mehr ändern. Die

Weitergabe des Segens ist formal eine Fürbitte (V. 28: »Gott gebe dir vom Tau des Himmels . . .«), die wirksam bleibt.

Vorschlag A: Der Segen für den Sünder

1. Der Text Gen 27,1–40 wird gelesen und vom Leiter erläutert. Dabei kann er einzelne Szenen erzählend ausschmücken, um sie besser zu veranschaulichen, ferner den geschichtlichen Zusammenhang des Familienkonflikts beschreiben (s. Auslegung) und die Wirksamkeit der Bitte verdeutlichen. Diese Wirksamkeit erfährt ein Mensch, der auf krummen Wegen geht, der lügt und betrügt; die Sünde ist kein Hindernis für den Empfang des Segens Gottes.

2. In kleinen Gruppen sprechen die Teilnehmer darüber (ca. 20 Min.), was wir heute meinen und erwarten, wenn wir für uns selbst oder für andere Menschen um den Segen Gottes bitten. Einer der Teilnehmer notiert sich Stichworte, die er für den Bericht im anschließenden Plenum benutzen kann.

3. Im Plenum berichten einzelne Teilnehmer über ihre Eindrücke aus den Gruppengesprächen. Durchgängig wird die Erkenntnis sein, daß alle Erwartungen, die wir mit der Bitte oder mit der Fürbitte um den Segen Gottes in Zusammenhang bringen, Erwartungen an Gott selbst sind. Deren Erfüllung macht er nicht von der Erfüllung menschlicher Leistungen abhängig, sondern erfüllt sie nach seinem Willen. Der Segen gilt auch dem Sünder, nicht aber der Sünde. Die Bitte um den Segen Gottes bringt den Sünder (mich selbst oder einen anderen Menschen) in den Zusammenhang mit Gottes Tun. Die Bitte baut eine »Brücke« zwischen Gott und dem sündigen Menschen. Vielleicht kann der Leiter an dieser Stelle eigene Erfahrungen dazu einbringen (oder Teilnehmer darum bitten), wie die Fürbitte für andere Menschen auch den Bittenden (!) und die Beziehung (!) zu diesem Menschen verändert haben.

4. Abschließend wird der Leiter auf den späteren Kampf Jakobs um den Segen Gottes hinweisen (Gen 32,23ff). Der Segen Isaaks galt weiterhin, aber er ersetzte nicht die eigene Bitte um den Segen, die eigene Anstrengung und Aneignung der von Gott längst zugesagten Fruchtbarkeit und Herrschaft. Die Bitte um den Segen Gottes ist keine magisch wirkende Formel, sondern setzt zur Erfüllung die Annahmebereitschaft des Menschen voraus.

Vorschlag B: Fromm reden und gottlos leben

1. Einführend beschreibt der Leiter die vielfach zu hörende Klage, daß viele Christen zwar fromm reden würden (in der Kirche und außerhalb), aber daß ihr Verhalten im Alltag davon nichts widerspiegele und diese genauso egoistisch, geizig, rechthaberisch und kleinkariert seien wie andere Leute.

2. Den obigen Vorwurf bestätigt eine Erzählung, die jetzt gelesen wird (Gen 27,1–40). Hinweisen wird der Leiter dann auf das Verhalten Rebekkas sowie auf die Antwort Jakobs auf die Frage Isaaks (V. 20), mit der er Gott in Anspruch nimmt für seinen Betrug. Jakob redet fromm und handelt gottlos. Dieser Versuchung und Gefahr sind alle Menschen ausgesetzt, die etwas von Gottes Wirklichkeit und seinem Anspruch, seiner Gnade und seinem Heil gehört und erfahren haben. Die Versuchung besteht darin, daß der Mensch Gott mißtraut und nur sich selbst und seinen eigenen Möglichkeiten etwas zutraut.

3. Für eine Einzelbesinnung (ca. 15 Min.) erhält jeder Teilnehmer nun Zeit und Gelegenheit, über folgende Frage nachzudenken: »Welche Wünsche habe ich, die ich nicht als Bitte vor Gott bringen kann, sondern selbst erfüllen muß?«
Hilfreich kann sein, wenn sich jeder zunächst seine Wünsche stichwortartig aufschreibt, die ihn/sie bewegen. Dann kann jeder seine Wünsche und sein Verhalten daraufhin überprüfen, wie viel oder wie wenig Vertrauen in Gottes Güte ihm/ihr bisher möglich war.

4. Im Plenum verweist der Leiter auf die Erzählung von Jakob, dessen Gottlosigkeit kein Hindernis war für die Wirksamkeit des Segens Gottes. Nicht umsonst machen schon die ersten Geschichten der Bibel deutlich, daß der Mensch zu einer gefallenen Schöpfung gehört (Gen 3). Die Sünde und das Mißtrauen kommen aus dem eigenen Herzen; der Mensch will selbst bestimmen, was zu seinem Vorteil dient (Gen 3 und 27). Die Bitte um den Segen Gottes, um sein Erbarmen und um ein »neues Herz« formuliert ein Psalmbeter mit eigenen Worten: »Erschaffe mir, Gott, ein reines Herz, und gib mir einen neuen, beständigen Geist! Verwirf mich nicht von deinem Angesicht, und nimm deinen heiligen Geist nicht von mir!« (Ps 51,12f).

Der erkämpfte Segen

Genesis 32,23–33

Der Abschnitt Gen 32,23–33 ist neben Gen 27 die zweite Erzählung innerhalb der Jakobsgeschichte, in der an markanter Stelle das Stichwort »segnen« fällt (vgl. V. 27.30). Ob ihr eine Spukgeschichte, eine Art »Koboldmärchen«, zugrunde liegt, in dem ein anonymer Wanderer bei Nacht von einem Dämon überfallen wird, diesen aber niederzwingt und etwas von seiner Kraft gewinnt (so wird vielfach angenommen, z. B. von H. Gunkel, G. von Rad, L. Ruppert), oder ob die Erzählung erst als Teil des Jakob-Esau-Laban-Zyklus verfaßt wurde (so z. B. E. Blum), kann offenbleiben. Für den biblischen Erzähler jedenfalls ist das nächtliche Gegenüber Jakobs kein Dämon, sondern Gott selbst.

Gen 32,23–33 ist voll von Ätiologien. Es wird der Name »Israel« (V. 29) und der des Heiligtums von Penuël erklärt (V. 31) und der israelitische Brauch, den Hüftnerv nicht zu essen, auf Jakob zurückgeführt (V. 32f). Vielleicht soll auch der Flußname Jabbok mit »Jakob« und dem hebräischen Wort für »ringen« (*'abaq;* »er rang« = *j^{e}'ābeq,* V. 25f.28) assoziativ in Verbindung gebracht werden.

Im Zusammenhang der Jakob-Esau-Geschichten ist das Ereignis am Jabbok ein Zwischenstück zwischen den Vorbereitungen Jakobs auf die Begegnung mit seinem Bruder Esau (32,4–22) und der Begegnung selbst (33,1–15). Jakob erwartet eine gefährliche Auseinandersetzung. Esau begegnet ihm dann aber in friedlicher Absicht (33,4–9), doch erst, nachdem Jakob einen nächtlichen Kampf, und zwar mit Gott, bestanden hat.

Beide Begegnungen, mit Gott und mit Esau, nehmen einen glücklichen Ausgang (vgl. 32,31; 33,10). Nach dem zeitlichen Ablauf trifft Jakob seinen Bruder am dritten Tag nach seiner Trennung von Laban (vgl. 31,54; 32,1.14.22.32). »Drei Tage« sind der Zeitraum, in dem etwas bis zum Eintreffen wichtiger Ereignisse heranreift (vgl. Gen 22,4; Ex 3,18; 5,3; 8,23). So ist die Szene von 32,23–33 der letzte Akt vor der Begegnung Jakobs mit Esau – ein theologisch wichtiger!

Als er allein zurückgeblieben war . . . (32,23–25a)

Jakob ist auf einen Kampf mit Esau gefaßt, den er um den Erstgeburtssegen betrogen hatte (vgl. Gen 27), und tut das Seine, um die Auseinandersetzung zu vermeiden (vgl. 32,6.14–21) oder wenigstens einen Teil seines Besitzes zu retten (vgl. 32,8f). Auf seinem Rückweg in seine Heimat muß er nach der Vorstellung des Erzählers auch einen Fluß überqueren, den Jabbok, einen östlichen Nebenfluß des Jordan; teilweise reißend durchfließt er auch eine tiefe Schlucht. Die Verse 23–25a geben die Situation an: Jakob bringt während der Nacht seine beiden Frauen Rahel und Lea (vgl. 29,1–30,24; 33,1), seine zwei Mägde und seine elf Söhne (Benjamin ist noch nicht geboren; vgl. 35,16–18) und seine Habe über die Furt des Jabbok; er selbst bleibt allein zurück, ein Motiv, das sich auch sonst in Erzählungen findet, in denen jemand mit einem übermächtigen Gegner zu kämpfen hat (vgl. 1 Sam 17).

. . . da rang mit ihm ein Mann (32,25b–26)

Die Szene ist mit Ex 4,24–26 vergleichbar. Ähnlich wie in Ex 4,24 Mose, so wird in Gen 32,25b–26 Jakob überfallen. Für den biblischen Erzähler ist »der Mann« (andere Übersetzungsmöglichkeit: »jemand«), der den Erzvater überrascht, Gott selbst. Das Verhalten Gottes – so wie es erzählt wird –, erinnert an das eines Dämons, der nur so lange Macht hat, als es Nacht ist. Sobald die Sonne sich ankündigt, erlischt seine Kraft. Man mag sich an dem gewagten Gottesbild der Erzählung stoßen. Doch auch in anderen alttestamentlichen Texten liegt das Erzählte »an der Grenze des in Israel theologisch Sagbaren« (E. Blum, 23); vgl. Gen 15,7–21; Ex 4,24–26; Hos 13,7f; Klgl 3,1–17; Ijob 9,22–24; 10,14–17 u.ö.

Der lange nächtliche Kampf zwischen Jakob und Gott, von dem nur der letzte Abschnitt ausführlicher geschildert wird, bleibt unentschieden. Der Angreifer wendet deshalb einen besonderen Ringergriff (H. Gunkel) oder eine magische Berührung (C. Westermann u.a.) an: ein Schlag auf das Hüftgelenk verletzt Jakob. Doch dieser unterwirft sich nicht, im Gegenteil!

»Ich lasse dich nicht los, bis du mich segnest« (32,27–30)

Der Gegner Jakobs will vor Sonnenaufgang fort. Dies ist der Anlaß, daß nun Jakob die Initiative ergreift. Der Abschnitt

V. 27–30 ist kunstvoll aufgebaut. Das Stichwort »segnen« umrahmt ihn: V. 27 und V. 30 (jeweils Versende). Dazwischen stehen die gegenseitigen Fragen der Gegner nach ihrem Namen und ihre Antworten.
Jakob gibt als Bedingung für ein Loslassen an, sein Gegner möge ihn segnen, obwohl er selbst wegen seiner Verletzung kein ebenbürtiger Partner mehr ist. »Segnen« bedeutet »Übertragung von Kraft, von Lebenskraft«. Jakob fordert den Segen – vom Zusammenhang der Erzählung her gesehen – vor seinem Zusammentreffen mit Esau. Interessant ist dazu die Paraphrase des jüdischen Rabbis Raschi: »Bestätige mir die Segenssprüche, mit denen mein Vater mich gesegnet hat und die Esau anficht.«
Seit Gen 27 ist Jakob der Gesegnete, wenn auch dort der Segen des Vaters durch Betrug erreicht wurde. In Gen 32 verlangt Jakob den Segen Gottes im Verlauf eines Kampfes. Er wird nicht sofort gewährt. Auf die Segensforderung folgt zunächst die Namensänderung Jakobs; dies ist der Kern der Erzählung.
Die Frage Gottes nach dem Namen Jakobs und die Antwort weisen auf Gen 27 zurück. In 27,36 wird »Jakob« als »Betrüger« gedeutet. Da der Name nach alttestamentlich-altorientalischer Vorstellung zugleich das Wesen des Namensträgers bezeichnet (vgl. 1 Sam 25,25), *ist* Jakob auch ein »Betrüger« (andere Deutung Gen 25,26; vgl. Hos 12,4). Jakob erhält den neuen, ehrenvollen Namen »Israel«, der den alten zudeckt (vgl. 35,9f / P). »Israel« heißt eigentlich: »Gott kämpft/Gott möge kämpfen« (andere Erklärung: »Gott herrscht/möge herrschen«). Volksetymologisch wird jedoch »Israel« in 32,29 als »Gottesstreiter« verstanden: »denn mit Gott und Menschen hast du gestritten« (hebräisch: *śārîta*).
Die Wendung »und mit Menschen« wäre für die Erklärung nicht notwendig. Sieht man sie im Zusammenhang von Gen 27, kann sie als Hinweis auf die Auseinandersetzung um den Segen in Jakobs Familie verstanden werden (vgl. E. Blum, 17). Aus »Jakob«, dem Betrüger, wird durch Gottes Zugeständnis »Israel«, der Gottesstreiter.
Der neue Name sieht den Erzvater in einer neuen Position. Der Partner Jakobs seinerseits verweigert seinen Namen. Jakob wird damit in seine Schranken gewiesen. Er darf über den Namen Gottes, d. h. über Gott, nicht verfügen. Danach, d. h. erst aufgrund der »Umwandlung« Jakobs durch Gott, erlangt der Umbenannte als Bestätigung den Segen Gottes (V. 30 Ende); »der er-

fochtene Segen deckt den erschlichenen zu« (M. Buber). Der Segen Isaaks (27,27–29) wird von Gott legitimiert (K. Elliger, G. von Rad), um dann schließlich auch von Esau bestätigt zu werden (vgl. Gen 33). Der Gewinn Jakobs besteht im neuen Namen und im Segen. Als Gesegneter bleibt Jakob-Israel in Kanaan (33,17–20).

»Ich habe Gott von Angesicht zu Angesicht gesehen« (32,31–33)

Die Erzählung schließt mit zwei Ätiologien. Der Ortsname »Peniël« bzw. »Penuël« soll an die Gottesbegegnung Jakobs an dieser Stätte erinnern. Die Deutung des Ortsnamens im Munde Jakobs in V. 31b ist ein Dank des Erzvaters, aus der Begegnung mit Gott heil herausgekommen zu sein; denn nach alttestamentlicher Auffassung muß der sterben, der Gott gesehen hat (vgl. Ex 33,20; Ri 6,22; 13,22) – ein Bild für die Übermacht Gottes über den Menschen (zum Ort vgl. 1 Kön 12,25).

Dem Durchschreiten (V. 23) bzw. Durchqueren (V. 24) des Jabbok während der Nacht entspricht das Durchziehen durch Penuël (V. 32) nach Sonnenaufgang (im Hebr. dasselbe Zeitwort). Dazwischen liegt der nächtliche Kampf mit Gott. Die Nacht ist der Zeitraum gefahrvollen und geheimnisvollen Geschehens. Der Sonnenaufgang offenbart Jakob zwar als einen, der den nächtlichen Kampf überstanden hat, aber auch als einen, dem ein Hinken bleibt; er hat den Segen erreicht, aber erst nachdem er geschlagen worden war (vgl. Dtn 32,39; Hos 6,1). Nun kann er mit seiner Begleitung, mit der er zusammen erst das volle Israel ist, auf Esau treffen (Gen 33). Diese Begegnung wird auffällig mit der Gottesbegegnung sprachlich und sachlich parallelisiert (vgl. 32,32 mit 33,10). Nachdem aber Gott Jakob-Israel gesegnet hat, kann Esau nur noch mit »Wohlwollen« seinen Bruder empfangen.

Die in V. 33 genannte Speisesitte ist im Alten Testament nicht mehr belegt. Im Zusammenhang mit der Erzählung bedeutet sie eine Erinnerung des Volkes Israel an seinen Erzvater.

Der theologische Sinn der Erzählung

Gen 32,23–33 ist, wie die Abrahamsgeschichten, eine Erzählung von den Uranfängen Israels; in ihr ist Wesentliches verdichtet und typisiert. Als »theologische Erzählung« deutet auch sie die Geschichte Israels. Daß es nicht einfach nur um die Einzelgestalt Jakobs geht, sondern letztlich um das Volk, ist etwa aus dem Zusammenhang von Gen 27 (besonders

V. 27–29) mit 32 (besonders V. 27–30) zu erkennen. Der Segen von Gen 27 zielt auf die Geschichte des Volkes. Das Volk »Israel« ist wie Jakob-Israel ein von Gott gesegnetes Volk, Gott hat es zu »Israel« gemacht. Allerdings macht es immer wieder die Erfahrung, von Gott »am eigenen Leib geschlagen worden zu sein«. Daß Gott schlägt, ist eine im Alten Testament häufig dargestellte Erfahrung (vgl. Ex 3,20; Num 11,33; Jer 14,19; Jes 53,4). Doch auch in einem solchen Dunkel, in der Nacht, im Schrecken geschieht Gottesbegegnung (vgl. Am 3,6; Jes 45,7), »Schauen Gottes von Angesicht zu Angesicht«. Selbst in einer erschreckenden Begegnung mit Gott empfängt das Volk den Segen und »kommt mit dem Leben davon« (V. 31).

Praxis

Thema: Du hast mich heimgesucht bei Nacht

Durch die Identifikation mit Jakob-Israel können unsere Nachterfahrungen eine neue Dimension gewinnen: Aus dem Ringen um und mit Gott, dem Unverständlichen, Namenlosen, geht der Mensch vielleicht hinkend, verwundet, aber gesegnet hervor.

1. Schritt: Das eigene Leben im Symbol eines Stabes bedenken

Aus einer Reihe von verschiedenen biegsamen Ästen (Weiden, Flieder, Hasel . . .; Biegsamkeit ausprobieren!), die noch grün, aber ohne Blätter sein sollen, möglichst unregelmäßig gewachsen, mit Astansätzen und Krümmungen, wählt sich jeder Teilnehmer einen aus, betrachtet den Stab in der Stille oder bei Musik, betastet ihn mit geschlossenen Augen, erspürt Zentimeter um Zentimeter die weichen und harten, die dünnen und dicken, die gerade gewachsenen und die gekrümmten Stellen. Dazu werden folgende Denkanstöße sehr langsam mit Pausen gesprochen:

Stab, Bild meines Lebens,
emporgewachsen, der Sonne entgegen,
erstarkt durch Erde, Wasser und Wind,
gebogen und gekrümmt im Kampf um das Licht,
ausgesetzt dem Sturm, dem Frost, der Zerstörung.

Stab, Bild meines Lebens,
emporgewachsen der Verheißung entgegen,
erstarkt durch Hoffnung und Glauben,
eingeengt und beschränkt durch Zwänge und Konventionen,
ausgesetzt der Angst, der Schuld, der Vernichtung.

2. Schritt: Mit Gott allein in der Nacht

Falls die Jakobsgeschichte den Teilnehmern nicht bekannt sein sollte, gibt der Leiter eine kurze Zusammenfassung (mündlich oder schriftlich), sonst genügt eine Situationsangabe zu Gen 32: Jakob an der Furt des Jabbok, der Engstelle seines Lebens, zwischen der Angst vor der Vergangenheit, die ihn einholen könnte, und dem Vertrauen in die verheißene Zukunft (V. 13).
Er ist sich bewußt seiner Leistung, seines Erfolges, seines Besitzes und seines Familienglücks (V. 11), aber auch der Bedrohung all dessen (V. 12). Er sorgt vor, tut das Menschenmögliche zu seiner Rettung (V. 4–6.8–9.14–21).
Aber er ist der Nacht ausgesetzt (V 23), ihm ist angst und bang (V. 8). Er ist ein Heimatloser und weiß sich dennoch gerufen in die Heimat, ins Land der Verheißung (V. 10–13).
Die Teilnehmer sitzen im abgedunkelten Raum mit ihrem »Lebensstab« in der Hand. Gen 32,23–25a wird langsam gelesen und evtl. kurz erklärt: Jakob hat alles, was ihm wertvoll ist, ans andere Ufer gebracht und sich so den Rückzug ins Vergangene versperrt. Er selbst aber ist nochmals *zurück*gekehrt, in der Nacht, ganz allein, um sich selbst einzuholen, um sich zu erinnern an das, was war – vielleicht so, wie wir gerade mit dem Stab in der Hand einen Weg in unsere Erinnerung zurückgelegt haben. Wer möchte, sagt laut in die Runde einen Gedanken Jakobs, in dem er dessen Weg bedenkt und dabei auch die eigene meditative Erfahrung mit seinem Stab einbringt, beginnend mit: »Ich, Jakob . . .«; z. B.:

- »Ich, Jakob, habe viel in meinem Leben geleistet.«
- »Ich, Jakob, habe betrogen und bin betrogen worden.«
- »Ich, Jakob, bin in Schuld und Sorge geflohen.«
- »Ich, Jakob, habe einmal den Himmel offen gesehen.«

3. Schritt: Mit Gott gerungen und verwundet

Der Textausschnitt Gen 32,25b–26 wird langsam gelesen.
Als Zeichen des in Jakob und in uns stattfindenden Ringens beginnen wir unsere »Lebensstäbe« zu belasten, anzuspannen, zu biegen und zu beugen.
Dazu sprechen entweder die Teilnehmer weiter: »Ich, Jakob . . .« (z.B. »lasse mich ein auf meinen Schatten«), oder der Leiter gibt Meditationsimpulse, wie:

- Meine Vergangenheit lastet auf mir
- Die Zukunft beugt mich nieder
- Ich lebe in der Spannung zwischen dem, was ich bin, und dem, was ich vorgebe zu sein; zwischen dem, was ich sein möchte, und dem, was man von mir erwartet
- Ich ringe um den eigentlichen Sinn meines Lebens

usw.

Der Zweig wird so lange gebogen, bis er an einer Stelle durch die Spannung verletzt wird, verwundet, aufgebrochen, geöffnet. Reflexion:

- Wo ist meine offene Stelle, meine Wunde?
- Wo bin ich aufgebrochen, geöffnet? Wofür?

4. Schritt: Mit Gott gerungen und gesegnet

Bibeltext Gen 32,27–31 lesen und auslegen. Hinweis auf den Zusammenhang zwischen »verwunden« und »segnen« (im Französischen heißt beides »blesser«; vgl. im Deutschen die doppelte Bedeutung von »heimsuchen«).
Voraussetzungen für das Gesegnetwerden:

- die Bereitschaft, sich der Auseinandersetzung zu stellen
- das Angerührt- und Verwundetsein
- die existentielle Umwandlung, angedeutet durch die Namensänderung (vom »Betrüger« zum »Gottesstreiter«)
- das Loslassen-können der Heimsuchung (die Verfügung über den Namen Gottes wird Jakob verwehrt)

Jakob wird zugesichert: Du hast gestritten und gewonnen. Bei diesem Gewinnen geht es nicht um Sieg und Niederlage, sondern um ein doppeltes Dazu-gewinnen: Jakob gewinnt mit dem neuen Namen eine neue Identität. Er gewinnt mit dem erkämpften, von Gott legitimierten Segen – statt des erschlichenen Segens von Gen 27 – eine neue Beziehung zu Gott (V. 31), zu seinem Bruder (33,1 ff) und zu seinem Land (33,17 ff).
Diese Gedanken können wiederum entweder vom Leiter als Denkanstöße gebracht werden oder von den Teilnehmern in obiger Form: »Ich, Jakob-Israel . . .« Dabei können wir die Hand behutsam auf die Wunde des Lebensstabes legen oder mit unserer »wunden Stelle« dort hineinspüren: Wo habe ich erfahren, daß eine dunkle Heimsuchung, ein am eigenen Leib Geschlagen-sein, mir zur Gottesbegegnung, zu neuem Leben, zum Segen, zum Heil geworden ist?

5. Schritt: Im Lichte Gottes den Bruder sehen

Zur Textlesung Gen 32,33–33,1 wird der Raum erhellt, evtl. mit Kerzen und Blumen geschmückt: Nach der gefahrvollen, bedrängenden Nacht geht die Sonne auf. In der Nacht mußte Jakob zweimal den Jabbok durchschreiten, den dunklen Ort der Scheidung, der Entscheidung, des Sich-Durchringens. Jetzt durchschreitet er vom Licht beschienen Penuël, den Ort, wo Gott ihm leuchtet mit seinem Angesicht und seiner Segensverheißung. Jetzt kann er aufblicken und seinem Bruder ins Angesicht sehen (vgl. die Parallelisierung beider Begegnungen in Gen 32,31 und 33,10).
Vielleicht können wir jetzt unseren Lebensstab auch in neuem Lichte sehen, seine Verletzung als Zugewinn, und dies symbolisch ausdrücken, indem wir aus der geöffneten Stelle etwas Neues hervorkommen lassen, eine Blume, ein Samenkorn, ein Band, einen Papierstreifen mit einem Wort oder Satz o. ä.
Oder jeder geht auf einen anderen im Kreis zu, und die beiden verbinden ihre Lebensstäbe an den aufgebrochenen Stellen zu einem Kreuz.

6. Schritt: Abschluß

Vorschlag A: Die beiden Teilnehmer, die ihre Lebensstäbe zusammengefügt haben, tauschen ihre Gedanken und Erfahrungen aus.

Vorschlag B: Die »geschmückten« Lebensstäbe werden in eine Schale mit Erde und Wasser gestellt. Alle überdenken entweder in der Stille oder zur Musik noch einmal ihre Erfahrungen oder sprechen diese aus als neuer Jakob: »Ich, Israel . . .«

Die Josefserzählung

Genesis 37–50

Die Josefserzählung (vielfach als »Novelle« bezeichnet) unterscheidet sich wesentlich von der übrigen Patriarchengeschichte in Gen 12–36. Während die Erzählungen über Abraham, Isaak und Jakob Einzelstücke sind, die erst durch die Redaktionen zu einem Ganzen zusammengefügt wurden, ist die Josefserzählung ein in sich abgeschlossenes literarisches Kunstwerk. – Es wird zwar teilweise zwischen J-, E- und P-Anteilen unterschieden. In den folgenden Erklärungen bleibt dies unberücksichtigt. – In der Erzählung spielt nicht nur Josef, einer der Söhne Jakobs, eine wichtige Rolle. Auch die Jakobserzählungen (ab Gen 25,1) werden weitergeführt und abgeschlossen (Tod und Begräbnis Jakobs: 49,28–50,14). Durch den aus der Priesterschrift stammenden Satz 37,2 wird die Josefserzählung als »Familiengeschichte Jakobs« verstanden. Als solche erzählt Gen 37–50 von den Jakobssöhnen (Josef und dessen Brüder); auch die Söhne Josefs werden in die Familie Jakobs eingegliedert (vgl. 41,50–52; 48). Gen 38 befaßt sich mit dem Jakobssohn Juda.

Die Liebe des Vaters und der Haß der Brüder (37,1–11)

V. 1 knüpft an früher Erzähltes an: Jakob, in V. 3.13 u. ö. »Israel« genannt (vgl. 32,29; 35,10) und damit als Stammvater des Volkes gekennzeichnet, war aus Paddan-Aram (Mesopotamien) nach Kanaan, ins Tal von Hebron (V. 14), heimgekehrt (vgl. Gen 32–33; 35). Josef, einer seiner Söhne, wird als junger Mann (oder: »Jungknecht«) mit dem Beruf des Hirten – wie seine Brüder – vorgestellt. V. 2 nennt einen wenig rühmlichen Charakterzug des jungen Josef (vgl. Spr 10,18): Er zeigt seinem Vater an, was seine Halbbrüder Dan, Naftali, Gad und Ascher (vgl. 30,1–14) Böses tun, im Zusammenhang von Gen 37 der erste Grund für den Haß der Brüder auf Josef. Ein anderer Grund dafür ist die einseitige Liebe Jakobs für Josef, weil dieser ihm noch im hohen Alter geboren worden war (anders 30,22–25). Zeichen dieser Vorliebe ist das Geschenk eines knöchellangen Ärmelrocks, der seinen Träger in besonderer Weise auszeichnet (vgl. 2 Sam 13,18), für einen Hirten ein unbrauchbares Kleidungsstück. Wegen der Bevorzugung Josefs durch seinen Vater zerbrechen die brüderlichen Beziehungen. Der Friede (šālōm) im Hause Jakobs ist verlorengegangen (vgl. Gen 4,4–8: die Bevorzugung Abels

durch Gott als Mordmotiv; Gen 25,28; 27: die Bevorzugung durch die Mutter als Grund für die Feindschaft des Bruders).
Der Haß und die Eifersucht der Brüder steigern sich nach zwei Träumen Josefs (V. 5–11). Die Träume bedeuten jeweils das gleiche. Sowohl der Traum mit den Garben als auch der von den Gestirnen – Sonne und Mond stellen Josefs Eltern, die elf Sterne seine Brüder dar – kündigen an, Josef werde Herrscher über seine Brüder und Eltern sein. Träume wurden in alter Zeit als Vorzeichen und Beginn des Geträumten verstanden. Die Verdoppelung (hier: zwei Träume) ist ein beliebtes Stilmittel in der Josefserzählung (vgl. 40; 41,1–7.17–24; 42–43). Sie drückt vor allem die Sicherheit und Gewißheit des Gesagten aus (vgl. 41,32). So reagieren die Brüder und auch der Vater betroffen, weil sie damit rechnen, daß die Träume Wirklichkeit werden (vgl. 42,9 mit 42,6). Jakobs Tadel verbindet sich jedoch damit, daß er das von Josef Geträumte überdenkt (vgl. Lk 2,19.51).

Josef kommt nach Ägypten (37,12–28.36)

Der Abschnitt V. 12–17 leitet zu V. 18–28 über. Josef wird mit seinen Brüdern zusammengeführt. Der Vater ist um das Wohlergehen (šālōm) seiner Söhne und auch der Tiere besorgt. Ausgerechnet Josef, zu dem die Brüder die guten Beziehungen abgebrochen haben (V. 4), soll sich danach erkundigen (V. 12–14; vgl. 1 Sam 17,18). Damit ist Gefahr für Josef heraufbeschworen. Noch dazu trägt er den Ärmelrock (vgl. V. 23). Nach längerem Umherirren, das die Hilflosigkeit Josefs zeigt, wird er auf seine Brüder verwiesen. Sie halten sich in Dotan (12 km nördlich von Sichem) auf (V. 15–17). Als die Brüder Josef sehen, beschließen sie – mit Ausnahme von Ruben (vgl. V. 21 f) –, ihn zu töten. Das Mordmotiv sind die Träume. Da die Brüder damit rechnen, daß sie sich erfüllen, muß der Träumer beseitigt werden (V. 19.20b). Doch wissen sie, daß sie sich für ihren Bruder verantworten müssen. Deshalb planen sie eine Lüge (V. 20a) – der Beginn einer »Entfremdung« zwischen Jakob und seinen Söhnen. Als einziger wendet sich Ruben gegen den Mordplan. Als der Älteste (vgl. Gen 29,32) vertritt er in Abwesenheit des Vaters diesen. So ist er in besonderer Weise für Josef verantwortlich. Er hat seinen eigenen Plan, um Josef am Leben zu erhalten (V. 21 f).
Die erste Tat der Brüder nach der Ankunft Josefs ist die, ihm den Ärmelrock, das Zeichen der Liebe des Vaters und ein Grund

für ihre Eifersucht und ihren Haß, vom Leib zu reißen und Josef in eine Zisterne zu werfen, die zwar ohne Wasser ist – was den Plan Rubens begünstigt –, aus der Josef aber ohne fremde Hilfe nicht herauskommen kann (vgl. Ps 40,3; Jer 38,6–13). Die Ankunft einer ismaelitischen Handelskarawane, die auf dem Weg nach Ägypten ist, führt eine Wende der Ereignisse herbei (V. 25 bis 27). Juda macht einen neuen, nützlicheren Vorschlag, als es ein Mord sein kann: Man würde den Bruder auch loswerden, wenn man ihn verkaufen würde. Als Begründung weist er auf die verwandtschaftliche Beziehung hin (V. 27b). Was bei Kain keine Rolle gespielt hat (vgl. 4,1–16), dient hier als Argument, einen Mord zu verhindern. Die Brüder gehen darauf ein.

Nach dem Wortlaut von V. 28 spielt sich das Folgende zwischen zwei Gruppen von Kaufleuten ab. Midianitische Kaufleute ziehen Josef – ohne Wissen seiner Brüder? – aus der Zisterne und verkaufen ihn an die ismaelitische Karawane (vgl. V. 25), die ihn nach Ägypten bringt. Der Preis von 20 Silberstücken entspricht dem für einen jungen Mann im Alter Josefs (vgl. Lev 27,4f). Damit ist Josef, allerdings um den Preis eines Sklavendaseins in Ägypten, gerettet, wenn auch nicht nach dem Plan Rubens (vgl. V. 22). Die Schuld der Brüder bleibt trotz V. 28 bestehen, auch wenn sie nicht direkt am Schicksal Josefs beteiligt sind.

Die Trauer um den Bruder und Sohn (37,29–35)

Ruben, der – so scheint es – bei der Aktion seiner Brüder (V. 26f) nicht anwesend war, reagiert verzweifelt auf das Verschwinden Josefs. Als der Verantwortliche weiß er keinen Ausweg. Auch seine Brüder helfen ihm nicht (V. 29f). Die Schuld hat sie auch untereinander entzweit (vgl. Gen 3,12).

In der Fortsetzung der Erzählung spielt wieder der Ärmelrock die entscheidende Rolle. War er vorher Zeichen der Vorliebe des Vaters zu Josef und Grund des Hasses der Brüder, so wird er nun zum Täuschungsmittel gegenüber dem Vater, dem es überlassen bleibt, das blutbefleckte Gewand zu (miß-)deuten. Die Söhne lassen den Vater in seiner irrigen Meinung. So werden sie auch an ihm schuldig. Ihr Trost kann nichts erreichen (vgl. Ijob 2,11).

Josefs Fall und Aufstieg in Ägypten (39–41)

Die drei Kapitel erzählen das wechselvolle Schicksal Josefs nach seiner Aufnahme in den Dienst des ägyptischen Hofbeamten Potifar. Dabei hat immer wieder eine theologische Bemerkung eine wichtige Funktion, um das profane Geschehen zu deuten. Schon nach 39,1, ein Satz, der an 37,28.36 anknüpft, wird überschriftartig festgestellt: »Der Herr war mit

Josef, und so glückte ihm alles« (39,2), ähnlich – als Unterschrift – 39,23b. Erfolg und Glück werden selbstverständlich auf Jahwe zurückgeführt, der auch im fremden Land wirkt.
Der Beistand Gottes ist Grund für die erste Erhöhung Josefs. Er gewinnt das Wohlwollen Potifars und wird zum Verwalter des gesamten Besitzes seines Herrn eingesetzt (V. 3f). Der Segen, der auf Josef ruht, wirkt sich auch auf das Haus seines Herrn aus; so verwirklicht sich durch Josef an diesem Fremden, was in Gen 12,2f Abraham zugesagt worden war. Doch bald wendet sich das Geschick durch die Frau Potifars. Josef, der das Vertrauen seines Herrn nicht enttäuschen und die Treue zu ihm halten wollte, kommt aufgrund falscher Anschuldigungen der Frau ins Gefängnis (39,7–20).
Doch in dieser Demütigung erfährt er erneut den Beistand Gottes (V. 21.23). Gott ist die Ursache, daß der Gefängnisleiter ihm »sein Wohlwollen und seine Gunst« – wie vorher sein ägyptischer Herr – entgegenbringt. Josef wird die Sorge für alle Gefangenen anvertraut. Das vermeintliche Ende wird der Anfang für einen »kleinen Aufstieg«. Die wichtigsten Nutznießer der »kleinen Erhöhung« Josefs im Gefängnis sind zwei königliche Gefangene, für die Josef zu sorgen hat. Er deutet ihnen ihre Träume, die sie in Mißmut versetzt hatten. Sie erfüllen sich in kurzer Zeit (V. 22). Die Fähigkeit, Träume zu deuten, hat für Josef zunächst keine positiven Wirkungen, trotz der Bitte, die er an den einen Gefangenen richtet, dem er seine Rehabilitierung angekündigt hatte (V. 14f.23).
Erst zwei symbolische Träume des Pharao zwei Jahre später (41,1) sind der Beginn eines triumphalen Aufstiegs Josefs. Da keiner der berufsmäßigen Traumdeuter am Hof des Pharao fähig ist, die Träume zu deuten (V. 8.15.24), muß der gefangene Angehörige des Volkes Israel dem mächtigen Ägypten zu Hilfe kommen! Josef führt seine Fähigkeit auf Gott zurück (41,16): Gott sei es auch, der dem Pharao durch die Träume etwas angezeigt habe (41,25.28.32), damit Ägypten daraus Nutzen ziehe (41,16). Der Pharao rühmt Josef wegen seiner Weisheit (41,37–39), eine Begabung, deren Ursache Gott (der Gott Josefs) ist (zu V. 38 vgl. Jes 11,2; Num 27,18; Ez 2,2; 3,24).
41,40–44 erzählt, wie Josef durch den fremdländischen Herrscher auf die zweithöchste Regierungsstelle des Landes berufen wird. Die Erhöhung Josefs bringt Ägypten Gewinn und Rettung. Seiner Fürsorge verdankt es das Überleben in der drückenden Hungersnot (V. 54–57; vgl. 47,25).

Die Einsicht der Brüder in ihre Schuld (42,21–28)

Ab Gen 42 wird der Blick auf Jakob und seine Söhne zurückgelenkt. Die Hungersnot, die Josef angekündigt hatte, war nicht nur über Ägypten gekommen, sondern »wurde immer drückender auf der ganzen Erde« (41,57). Nur in Ägypten gibt es genügend Getreide. So kommt »alle Welt« dorthin, »um bei Josef Getreide zu kaufen«. Josefs Vorsorge dient so dem Leben der ganzen Welt. Auch die Familie Josefs soll gerettet werden

(42, 1–3.12). Als die Hungersnot Kanaan erreicht (42,5), schickt Jakob zehn seiner Söhne – ohne den Jüngsten, Benjamin – nach Ägypten.
Damit wird das Überleben Jakobs und der »Brüder Josefs« (V. 3) von dem Bruder abhängig gemacht, den die Brüder zu Tode bringen wollten. Sie – die »Söhne Israels« (V. 5) und Stammväter des künftigen Volkes – erscheinen als Bittsteller vor dem zu Macht gekommenen Josef und »werfen sich vor ihm mit dem Gesicht zur Erde nieder« (V. 6), wie es die Träume Josefs (vgl. 37,7.9) angekündigt hatten. Josef erkennt nicht nur seine Brüder wieder (42,7f), sondern bemerkt auch, wie sich seine Träume erfüllen (V. 9a). Er verschweigt jedoch seine Identität, gibt sich gegenüber ihren Wünschen abweisend (V. 7), beschuldigt sie wiederholt der Spionageabsicht (V. 9.12.14.16) und läßt sie dadurch seine Macht spüren. In ihrer gemeinsamen Verteidigungsrede (V. 10f.13), mit der sie den Tod, der Spionen droht, abwenden wollen, bekennen sie ihre Ehrlichkeit (V. 11) und ihre wahren Absichten (V. 10). Sie müssen jedoch auch zugeben, daß ihre Gruppe nicht vollständig ist: Der jüngste Bruder ist zu Hause; »einer ist nicht mehr« (V. 13). Josef geht auf ihre Verteidigung ein und verlangt als Beweis ihrer Unschuld, daß ihr jüngster Bruder von einem nachgeholt wird (V. 15f.20).
Damit beginnt eine längere schmerzliche Prüfungszeit für die Brüder. Zunächst unterliegen sie der Macht Josefs. Nach drei Tagen im Gefängnis – drei Tage sind in der Bibel oft der Zeitraum, in dem etwas heranreift (vgl. Gen 22,4; Ex 19,11) – ergeht ein neuer Befehl Josefs, der den Brüdern jedoch zum Leben verhelfen soll, wenn sie ihm gehorchen (V. 18). Nur einer soll als Geisel zurückbleiben; die übrigen können mit dem Getreide nach Hause zurückkehren. Josef begründet diesen neuen Befehl mit seiner Gottesfurcht. Nicht die Ausübung von Macht über die in Not Lebenden, auch nicht heimliche Vergeltung für das Unrecht, das er durch seine Brüder erlitten hat, sondern die Ehrfurcht vor Gott, der ein Gott des Lebens ist, ist das Motiv für Josefs Handeln.

»Wir sind an unserem Bruder schuldig geworden« (42,21–28)

Die Härte Josefs bringt die Brüder zur Einsicht. Sie entdecken die Parallelität ihrer jetzigen lebensbedrohenden Lage und die ihres Bruders Josef von einst. Es geht ihnen auch der Zusammen-

hang beider Situationen auf. Die »Angst seines Herzens« damals, die sie nicht beachtet hatten, ist nun über sie als Strafe für ihre Schuld gekommen (V. 21), veranlaßt zwar durch die Macht Josefs, letztlich aber durch Gott, der »Rechenschaft« von ihnen fordert (V. 22); dem Vater blieben sie diese Rechenschaft schuldig (37,32–35). Die Brüder sind am Umdenken.
Josef ist von der Wandlung seiner Brüder im Innersten tief getroffen (V. 24a), führt aber die Prüfung seiner Brüder weiter. Simeon als Zweitältester wird ausgewählt, als Geisel in Ägypten zu bleiben. Dem Vater droht erneut der Verlust eines Sohnes. Zwar ohne Simeon, aber wenigstens mit Getreide können die Brüder nach Hause zurückkehren. Als sie jedoch bei der Rast in der Herberge das Geld, mit dem sie das Getreide bezahlt hatten, in ihren Säcken entdecken (V. 27.35; 43,21), fühlen sie sich wiederum getroffen. Man wird sie nun als Diebe betrachten (vgl. 43,18). Sie deuten diesen Schicksalschlag erneut als Zeichen der strafenden Gerechtigkeit Gottes (42,28). Im Denken der Brüder hat das Handeln Gottes eine bedeutende Stelle eingenommen. Daß aus der Schuld der Brüder durch Gott Heil erwachsen sollte, bleibt noch verborgen.

Bei einer zweiten, der Hungersnot wegen notwendigen Reise müssen die Brüder mit Benjamin nach Ägypten kommen (43,1–15). Doch nun werden sie von Josef nicht mehr als Bittsteller, sondern als angesehene Gäste empfangen. Im Vorfeld der Begegnung der Brüder mit Josef beruhigt sie der Hausverwalter wegen des Geldes, das sie in ihren Säcken gefunden hatten (43,17–23). Er klärt sie auf, daß Gott gewirkt habe. Daran hatten zwar die Brüder schon gedacht, jedoch Gottes strafende Gerechtigkeit wirken gesehen (vgl. 42,28). Die neue Deutung lautet nun: Gott hat ein Geschenk gemacht. Von da an können die Brüder zusammen mit Simeon die Gastfreundschaft des Hauses Josefs genießen (43,24). Die Übergabe des Geschenks und die Huldigung vor Josef sind die Antwort der Brüder auf die gastfreundliche Aufnahme (V. 26). Zugleich verwirklicht sich aber, was Josef einmal geträumt hatte, nun auch durch Benjamin (vgl. 37,7.9).
Das Gespräch Josefs mit seinen Brüdern (V. 27f) zeigt sein Wohlwollen und seine Liebe gegenüber den Brüdern und dem Vater. Er, mit dem die Brüder früher »kein gutes Wort reden konnten« (37,4), redet nun gut mit ihnen. Noch ist es nicht so weit, daß es zu einer Versöhnung zwischen Josef und seinen Brüdern kommt. Die Rechtsverhandlung (Gen 44) nach dem vermeintlichen Diebstahl Benjamins verzögert sie noch. Im zweiten Teil des Kapitels (44,18–34) will Juda, der sich in 37,26f wenigstens für das Leben Josefs eingesetzt hatte, sogar stellvertretend Genugtuung für den anscheinend schuldigen Benjamin leisten. Das wichtigste Motiv dafür ist das Leid des alten Vaters, wenn Benjamin nicht mehr nach Hause zurückkehren würde. Beim Verlust Josefs spielte dies keine Rolle; damals

ließen sie ihren Vater im Leid leben, weil ihr Haß auf Josef größer war als die Liebe zum Vater.

Eine »glückliche Schuld« (45,1–8)

Die Brüder Josefs hatten ihre Schuld erkannt (42,21f). Juda hatte sich sogar angeboten, für Benjamin Genugtuung zu leisten (44,18–34). Nun ist es an Josef, das Seine beizutragen. In einem ersten Schritt gibt er sich zu erkennen. Es geschieht, ohne daß die ägyptischen Hofbeamten unmittelbar dabei sind, auch wenn sie dann doch Zeugen werden. Josef kann seiner Betroffenheit und seinen Gefühlen freien Lauf lassen (45,1f). V. 3f bringt die zweiteilige Selbstoffenbarung Josefs. Zunächst nur: »Ich bin Josef.« Zugleich weist er von sich weg und erkundigt sich nach seinem Vater. Es muß seine Brüder außer Fassung bringen, daß der Totgeglaubte vor ihnen steht. Eine Geste, die den Abstand verringern soll, leitet zur zweiten, die erste steigernden Selbstoffenbarung über. Josef stellt sich als »euer Bruder« vor. Er spricht als Bruder zu seinen Brüdern, nicht mehr als Mächtiger Ägyptens zu bittenden Nomaden. Er muß aber zugleich seine Brüder an ihre schwere Schuld erinnern: ». . . den ihr nach Ägypten verkauft habt«. (Das zentrale Glaubensbekenntnis Israel lautet im Gegensatz dazu: »Jahwe, der uns aus Ägypten herausgeführt hat«; vgl. Ex 20,2).

Das »Jetzt aber« am Anfang von V. 5 leitet nicht nur die Wende von der Angst der Brüder zu ihrer Beruhigung ein, sondern es beginnt damit auch die neue Interpretation des Geschicks um Josef. Die Schuld der Brüder bleibt zwar bestehen, aber sie wird in einen größeren Zusammenhang gestellt (V. 5–8): Gott wollte Leben erhalten (V. 5b.7–8). Er kann menschliche, todbringende Schuld (vgl. die Absicht der Brüder: Josefs Tod 37,20) in ein heilvolles, lebenspendendes Geschehen für andere, vom Tod Bedrohte (hier: für das fremde Volk der Ägypter; V. 8b), sogar auch für die, die selbst schuldig geworden sind (V. 7), verwandeln (vgl. die Heilsbedeutung des Todes Jesu).

So vergibt Josef seinen Brüdern mit dem Hinweis auf Gottes Wirken, ohne daß ein ausdrückliches Vergebungswort fällt.

V. 7b beschreibt näher den Zweck der Herrscherstellung Josefs für die Jakobsöhne. Allerdings ist gerade hier der Text schwer verständlich. Der Wortlaut erinnert an prophetische Texte (vgl. Jes 10,20; Jes 37,32 = 2 Kön 19,21). Die Brüder sollen zusammen mit ihrem Vater »ein Rest« sein, der überlebt. Sie sind sogar für eine »große Rettungstat« bestimmt. Aus der Schuld der Brüder an Josef wirkt Gott die »große Rettungstat«.

Vielleicht ist auch auf die spätere Rettung der Nachkommen Israels aus der ägyptischen Knechtschaft angespielt oder gar auf die Rettung aus der babylonischen Gefangenschaft, die an dem schuldig gewordenen Israel gewirkt wurde (vgl. Jes 40,1).

»Komm herunter zu mir!« (45,9–15)

Nach der theologischen Deutung der vergangenen Ereignisse bietet Josef in einer Botschaft seinem Vater Jakob an, sich in Ägypten, im Nildelta, niederzulassen, an sich eine ungeheuerliche Sache angesichts der Hungersnot in Ägypten. Die Begegnungs- und Wiedererkennungsszene schließt mit der Umarmung Benjamins und seiner Brüder (V. 14f). Die Versöhnung hat ihren vorläufigen (vgl. aber 50,14–21) Abschluß erreicht.

Die Fortsetzung 45,16–47,28 erzählt vor allem davon, wie Jakob-Israel mit seiner Familie nach Ägypten zieht, sich mit Erlaubnis des Pharao dort niederläßt und Josef weiter in der Hungersnot für alle sorgt. Theologisch wichtig ist 47,7–10, die Unterredung Jakobs mit dem Pharao, der von Jakob gesegnet wird. Der Herrscher Ägyptens hält Gemeinschaft mit dem Erzvater Israels und wird von »Israel« gesegnet (vgl. Gen 12,2f). Der Segen Jakob-Israels, des selbst von Gott Gesegneten (48,3), gilt nicht nur den eigenen Söhnen (Gen 49) und den Söhnen Josefs (Gen 48), sondern ist auch für die nichtisraelitischen Völker (hier: Ägypten) bestimmt. So spannt sich ein Bogen vom Beginn der Abrahamserzählungen (12,1–3) bis in die Josefs- bzw. Jakobserzählungen hinein.

Gott hat das Böse zum Guten gewandt (50,14–21)

Am Ende der Josefsgeschichte wird nochmals das Thema »Schuld« aufgegriffen (vgl. die Abrahamserzählungen). Nach dem Tod ihres Vaters Jakob (47,29–50,14) fürchten die Brüder doch noch die strafende Vergeltung Josefs. So lassen sie zunächst Josef einen Botenspruch ihres Vaters Jakob überbringen. Sein Inhalt ist der Auftrag, den Brüdern ihre Sünde zu vergeben. Das Motiv: Beide, Josef und seine Brüder, stehen unter demselben Gott ihres Vaters. Zur Unterstützung ihrer Bitte um Vergebung bieten sie, die Josef einst in die Sklaverei verkauft hatten, sich selbst als Sklaven an und fallen zum Zeichen ihrer Unterwerfung nieder (vgl. 37,7.9; 42,6.9). Sie wollen die Sache gerade damit gutmachen, womit sie selbst an ihrem Bruder gesündigt hatten.
Die Antwort Josefs hat die Form einer Heilszusage (vgl. Jes 41,8f.14–17; 43,1–3). Josef weist auf Gott hin und spricht von dessen Wirken (V. 20). Mit dem, was Josef sagt, soll nicht eine allgemeine Lehre von der göttlichen Vorsehung geboten werden, sondern es soll Gottes Handeln in einem bestimmten Geschehen

verdeutlicht werden: Gott hat im bösen Tun der Brüder Gutes für viele Menschen (Ägypten, Jakob und seine Söhne) gewirkt. Wo Gott aber lebenerhaltend gewirkt hat, darf Josef selbst keine Vergeltung üben. Wenn Josef seinen Brüdern ihre Schuld vergibt, ist dies auch ein Akt der Dankbarkeit gegenüber Gott.

Praxis

Vorschlag A: Überblick – Fragen

1. Einleitend (auch zu jedem der nachfolgenden Vorschläge möglich) werden die Teilnehmer nach ihren Erinnerungen und Kenntnissen über Josef gefragt:

- Welche Eigenschaften dieses Mannes fallen Ihnen ein?
- Welche Bilder aus den Josefs-Geschichten fallen Ihnen ein?
- Haben Ihnen die Josefsgeschichten gefallen?
- Haben oder hatten diese Geschichten eine Bedeutung für Ihren Glauben?

2. Die Teilnehmer erhalten ein Blatt mit einer Übersicht über den Lebensweg Josefs (s.u. S. 172) und werden gebeten zu sagen oder aufzuschreiben (bitte in Stichwörtern bei den einzelnen Spalten):

- welche Fragen sie heute zu den genannten Abschnitten haben;
- mit welchen Abschnitten sie sich in dieser Gruppe an den weiteren Abenden oder an einem Wochenende beschäftigen möchten.

Bei Nennung mehrerer Vorschläge können Untergruppen gebildet werden. Der Leiter kann hierzu selbst Vorschläge machen oder folgende Möglichkeiten nennen, bzw. sie auf das Blatt mit dem »Lebensweg Josefs« setzen (zu denen nachstehend weitere methodische Vorschläge gemacht werden):

I. Menschenschicksal und Gottes Führung – am Beispiel Josef und heute (Welche Rolle spielen Glaube und Religion in dieser Geschichte?)
II. Die Josefsgeschichte – ein Lehrstück zum Thema Schuld und Wandlung?
III. Einsicht und Überblick – Gottes Gabe?
Die fetten Jahre unserer Gegenwart – und was kommt dann?

Vorschlag B (zu I): Einerseits – andererseits

Der Leiter schlägt vor, in der Josefsgeschichte *einerseits* menschliche Erklärungen für die Ereignisse und *andererseits* Hinweise auf Gottes Wirken zu suchen.

Die Teilnehmer bilden hierfür *zwei Gruppen,* denen vor oder während ihrer Arbeit folgende Hinweise gegeben werden können (zu denen sie die entsprechenden Bibelstellen nachschlagen sollen):

Gruppe 1:
Die Josefsgeschichte läßt sich besser verstehen, wenn man bedenkt:

- Die Brüder waren eifersüchtig, weil ihr Vater Josef mehr liebte als sie und Josef bevorzugte.
- Josef war ja auch der erste Sohn seiner Lieblingsfrau Rahel. Nur Benjamin war noch von Rahel geboren worden.
- Josef war entweder völlig unsensibel für seine Bevorzugung durch den Vater oder er hatte es direkt darauf angelegt, die Brüder zu ärgern, wenn er seinen Traum erzählte, seine Brüder bei der Arbeit kontrollieren kam und dabei auch noch das auffällig schöne Gewand anzog, das ihm der Vater geschenkt hatte.
- Immerhin haben die Brüder ihre Mordabsichten ja nicht ausgeführt, sondern Josef an eine Karawane verkauft. (Warum hat er eigentlich nie Nachricht gegeben – wozu er doch sicher die Möglichkeit gehabt hätte?)
- Josef war offenbar sehr begabt und anpassungsfähig. Er hat stets das Beste aus seiner Lage gemacht und sich auch im Ausland gut eingelebt. Seine Religion hat ihn nicht daran gehindert, in Ägypten zu heiraten und dort eine Familie zu gründen.
- Wenn er auch einiges durchmachen mußte, so hat er doch auch Chancen gehabt und sie genutzt.
- Wie geschäftstüchtig er war, zeigt z. B. Gen 47,13–26: Er nutzte die Notlage der Bevölkerung zum Vorteil des Pharao ganz schön aus. (Nur die Priester behandelte er besser.)
- Vielleicht war ihm der Erfolg gerade auch deshalb möglich, weil er als Ausländer in Ägypten manches anders sehen und dann auch durchsetzen konnte als ein Einheimischer.
- Wie zwiespältig auch Josefs Charakter war, kann man daran sehen, daß er seinen Brüdern zuerst einmal ganz schön Angst einjagte, als sie nach Ägypten kamen.

Gruppe 2:
Die Hauptsache an der Geschichte ist der Plan, den Gott mit diesen Menschen hatte und durchführte (es kommt also nicht so sehr auf die vielen Einzelheiten in der Geschichte an):

- Gott hatte den von ihm Auserwählten zahlreiche Nachkommenschaft und das Land Kanaan versprochen. Dazu mußten sie wenigstens überleben.

- Daß die Geschichte bei soviel Naivität, Heimtücke, Not und Brutalität so gut ausgegangen ist, läßt sich rein menschlich überhaupt nicht erklären.
- Der Schutz und die Hilfe Gottes für Josef wirkten sich in Ägypten auch auf die Menschen aus, die mit ihm zu tun hatten (39,2), sogar im Gefängnis (39,21).
- Daß Josef nicht der Geliebte der Frau Potifars geworden ist und seinen Herrn nicht hintergehen wollte, läßt sich nur aus seinem Glauben erklären, den er auch im Ausland beibehielt (= »Gott war mit ihm«).
- Wenn Gott mit einem Menschen etwas Besonderes vorhat, macht sich das sogar unter den schwierigsten Verhältnissen bemerkbar.
- Trotz seines großen Erfolges bleibt Josef bescheiden. In seiner Fähigkeit zur Traumdeutung sieht er Gott am Werk (41,16).
- Josef sieht und öffnet seiner Familie die Augen dafür, daß Gott auch in ihrem bösen Tun am Werk war: 45,5 u. 7. »Ihr habt Böses gegen mich im Sinn gehabt, Gott aber hatte dabei Gutes im Sinn, um zu erreichen, was heute geschieht: viel Volk am Leben zu erhalten« (50,20).

Nach der Gruppenarbeit soll noch mindestens eine halbe Stunde Zeit sein zum Gespräch zwischen den beiden Gruppen. Sind die beiden Aspekte der Josefsgeschichte auch in unserem Leben zu erkennen?

Vorschlag C (zu II): Schuld und Wandlung

Einleitung: Die Josefsgeschichte kann als ein Beispiel dafür betrachtet werden, wie Menschen schuldig werden, wie sich Schuld auswirkt und wie sie aufgehoben wird. Den Teilnehmern wird vorgeschlagen (allein, im Partnergespräch oder in Untergruppen von 3–4 Personen), die Josefsgeschichte mit folgenden Fragen durchzusehen:

- Welche Personen werden in der Geschichte schuldig?
- An wem werden sie schuldig?
- Wie wirkt sich ihre Schuld aus? (Die Brüder haben sogar nach Jakobs Tod noch Angst, daß sich Josef an ihnen doch noch rächen könnte; Gen 50,15.)
- Ist die Schuld der einzelnen Brüder unterschiedlich groß?
- Gibt es einen Unterschied zwischen der Schuld von Potifars Frau (die nicht an den »Gott Abrahams, Isaaks und Jakobs« glaubt) und der Schuld der Brüder Josefs?
- Was hilft Josef, den Brüdern zu vergeben? (Die Reue der Brüder, 43,21 f; die Liebe zum Vater; der Glaube an Gottes Plan?)

Die Ergebnisse werden im Plenum berichtet und besprochen. Der Leiter kann dabei darauf hinweisen, daß Thomas Mann in seinem Roman »Joseph und seine Brüder« (Gesammelte Werke in 12 Bänden, S. Fischer Verlag 1960) auch Josef als Schuldigen sieht. In der Zisterne, in die ihn seine Brüder geworfen haben, läßt er ihn denken:

»Mein Gott! die Brüder! Wohin hatte er sie gebracht? Denn er begriff, daß er sie so weit gebracht hatte: durch viele und große Fehler, die er in der Voraussetzung begangen, daß jedermann ihn mehr liebe als sich selbst, – dieser Voraussetzung, an die er geglaubt und doch auch wieder nicht ganz wirklich geglaubt, nach der er aber jedenfalls gelebt und die ihn, das erkannte er klar und deutlich, in die Grube gebracht hatte ... Arme Brüder! Was mußten sie ausgestanden haben, bis daß sie sich verzweiflungsvoll an des Vaters Lamm vergriffen und es tatsächlich in die Grube geworfen hatten! In welche Lage hatten sie sich damit gebracht ...« (Bd. 4, S. 574)
»Daß er sich nicht hätte darin (in dem Rock) vor ihnen spreizen, ihnen den Anblick seines Besitzertums nicht hätte aufdrängen, vor allen Dingen jetzt und hier nicht hätte darin vor sie hintreten dürfen, leuchtete ihm so überwältigend ein, daß er sich mit der Hand hätte vor den Kopf schlagen mögen, wenn nicht die Fessel das verhindert hätte ...« (Bd. 4, S. 579)
Sogar im Verhältnis zu Potifars Frau sieht Thomas Mann eine Mitschuld Josefs:
»Seine Schuld gegen die Frau mit seiner früheren gegen die Brüder in Parallele zu stellen, ist sehr berechtigt. Wiederum hatte er ... die Wirkungen seiner Liebenswürdigkeit, deren sich zu freuen und die zur größeren Ehre Gottes zu nutzen und zu befördern sein gutes Recht war, leichtsinnig ins Kraut schießen, gefährlich ausarten und sich über den Kopf wachsen lassen: im ersten Leben hatten diese Wirkungen die negative Form des Hasses angenommen, diesmal die übermäßig positive und darum auch wieder verderbliche Form der Liebesleidenschaft. Verblendet hatte er der einen wie der anderen Vorschub geleistet und, verleitet von dem, was in ihm selbst den überhandnehmenden Gefühlen der Frau entgegenkam, auch noch den Erzieher spielen wollen – er, der offenbar selbst noch so sehr der Erziehung bedurfte.« (Bd. 5, S. 1239)

Das Gespräch zum Thema Schuld kann durch den kurzen Artikel zum Stichwort in: G. Hegele, Grundwissen für Christen (Kreuz-Verlag Stuttgart 1983, S. 282) vertieft werden.

Vorschlag D (zu III): Einsicht und Überblick – Gottes Gabe?

Eine besondere Fähigkeit Josefs ist es, aus Träumen und Traumdeutungen wesentliche Erkenntnisse über die Gegenwart und die Zukunft zu gewinnen. Nach eigener Aussage ist sie ihm von Gott gegeben worden (41,16).
Bei der Deutung des Pharaotraumes (Gen 41) geht es nicht

nur um die vor mehr als 3000 Jahren in Ägypten bevorstehende Hungersnot. Wenn die Weitsicht Josefs als Beispiel dafür aufgefaßt wird, daß »Gott auf diese Weise vielen Menschen das Leben retten will« (Gen 50,20), dann können vielleicht auch wir mit Hilfe dieser Geschichte und durch den Glauben unsere Situation besser verstehen. Wir lesen den Text Gen 41,14–36 und fragen:

- In welcher Hinsicht leben wir in »sieben fetten Jahren« vor einem großen Mangel?
- Ist das vielleicht auch mit Religion und Kirche so, daß wir bald an manchem Mangel haben werden, was jetzt noch reichlich vorhanden ist?
- Was könnten, was müßten wir tun, um (nicht nur für uns!) Vorsorge zu treffen?
- Gibt es unter uns Menschen, auf die zu hören es sich besonders lohnt, wenn sie die Gegenwart deuten und die Zukunft voraussagen?
- Wer könnte das Notwendige organisieren, und wie müßte er oder sie dabei vorgehen?
- Oder leben auch wir schon (geistig, religiös, materiell) in einer Zeit des Mangels – in der aber doch Gott selbst am Werk ist?

Thomas Mann läßt in seinem Roman »Joseph und seine Brüder« Josef sagen:

»Denn die Segensfrist, die uns verheißen ist, hat ja nicht nur den Sinn des Aufschubs und des Atemholens zum Tragen der Heimsuchung, sondern ist der Raum der Vorsorge und das einzige Mittel zu Maßnahmen, um dem schwarzen Vogel des Ungemachs allenfalls die Schwingen zu stutzen und das kommende Übel aufzufangen, ihm entgegenzuwirken und es möglicherweise nicht nur in Schranken zu halten, sondern ihm vielleicht noch Segen abzugewinnen obendrein . . . (H)eute ist der Tag des Überblicks über das Ganze. Überblick aber ist wissende Vorsorge.« (Bd. 5, S. 1441)

Was ist zu tun, und wie muß es geschehen? Josef bei Thomas Mann:

»In größtem Stile! In ganz anderem Maß, als es je geschehen ist, seit die Länder bestehen! Der Herr des Überblicks sei der Zuchtmeister der Fülle. Er bedrücke sie streng und nehme ihr je und je, solange sie währt, was er braucht, um Herr zu sein auch des Mangels hernach.« (S. 1442)

Seinen Brüdern wirft er mangelnde Vorsorge vor:

»Unerhört!« sagt Josef bei Thomas Mann zu seinen Brüdern. »Das ist ja ein Ärgernis, um nicht zu sagen: ein Greuel! Läßt man es dahin kommen? Keine Vorsorge, keine Gewärtigung und kein Vorbauen gegen die Heimsuchung, die noch in der Welt ist und immer Gegenwart annehmen kann! Keine Einbildungskraft, keine Furcht und keine Rücklage! In den Tag gelebt wie das liebe Vieh . . .« (S. 1611f)

»Es geht uns Menschen bei solchem außerordentlichen Verhalten der Natur immer gleicherweise: Zu Anfang täuschen wir uns, alltäglich gesinnt wie wir sind, über den Charakter des Vorkommnisses, verstehen nicht, worauf es hinaus will. Gutmütig halten wir es für einen Zwischenfall gewöhnlich-mäßiger Art, und es ist seltsam, an diese Blindheit, dies Mißverständnis zurückzudenken, nachdem wir allmählich gewahr geworden, daß es sich um eine extravagante Heimsuchung, eine Kalamität erster Ordnung handelt, von der wir nicht gedacht hätten, daß sie uns selbst, zu unseren Lebzeiten zustoßen werde.« (S. 1580)

Diese Zitate können den Teilnehmern vervielfältigt als Anregung für die Gruppenarbeit gegeben oder danach als Verstärkung im Plenum zitiert werden.

Vorschlag E: Textvergleich

Den Teilnehmern wird vorgeschlagen, verschiedene »Fassungen« einzelner Abschnitte der Josefsgeschichte miteinander zu vergleichen (am besten solcher Abschnitte, die nach Vorschlag A ausgewählt wurden). Hierzu werden verwendet:

- Die Einheitsübersetzung
- Die Bibel in heutigem Deutsch (Gute Nachricht)
- Thomas Manns Werk »Joseph und seine Brüder« (Gesammelte Werke in 12 Bänden, S. Fischer 1960; Bd. 4 u. 5)
- Bibel-Bilderbuch »Joseph und seine Brüder« (J. M. Georgeot/ Jacques le Scanff, Patmos-Verlag 1966) oder Max Bolliger: Joseph (Ravensburger Taschenbücher Nr. 94, Otto Maier Verlag, Ravensburg 1967) oder ein anderes Bibel-Bilderbuch

Fragen für den Vergleich: Gut erzählt? Das Wesentliche verständlich, hervorgehoben? Zu knapp? Zu ausführlich? Welchen Wert haben bei den Kinderbüchern die Bilder für das Verständnis der Geschichte (auch für Erwachsene)? (Auch eine Diskussion darüber, ob es statthaft ist, unterschiedliche Bibelübersetzungen mit diesen Fragen zu prüfen und sie mit freien Erzählungen zu vergleichen, kann das Verständnis der Josefsgeschichte vertiefen.)

Der Lebensweg Josefs

Josef zu Hause Liebling seines Vaters	Neid und Haß der Brüder sie wollen ihn töten verkaufen ihn an Händler Jakob wird belogen Gen 37
Josef im Haus Potifars Aufstieg zum Verwalter	Potifars Frau liebt Josef seine Ablehnung bringt ihn ins Gefängnis Gen 38
Josef im Gefängnis Aufstieg zum Verwalter	Traumdeutung Gen 40
Josef beim Pharao Aufstieg zum Vertreter des Pharaos	Traumdeutung Gen 41–42
Josef als Ernährer Seine Vorsorge rettet viele	seine Brüder kommen sie erkennen und bekennen ihr Schuld Gen 42–45

Gemeinsam erkennen Josef und seine Brüder Gottes Führung

Fragen im Zusammenhang mit den Josefsgeschichten:

Menschenschicksal und Gottes Führung – am Beispiel Josef und heute
Die Josefsgeschichte – ein Lehrstück zum Thema Schuld?
Welche Rolle spielen Glaube und Religion in dieser Geschichte?
Einsicht und Überblick – Gottes Gabe?
Die fetten Jahre unserer Gegenwart – und was kommt dann?

Literaturhinweise

Kommentare

D. Arenhoevel, Urgeschichte. Genesis 1–11 (Stuttgarter Kleiner Kommentar AT 1), Stuttgart [4]1985

Ders., Erinnerung an die Väter. Genesis 12–50 (Stuttgarter Kleiner Kommentar AT 2), Stuttgart 1976

H. Gunkel, Genesis (Nachdruck der 3. Aufl. 1910), Göttingen [9]1977

G. von Rad, Das erste Buch Mose (Genesis) (Das Alte Testament, Deutsch Bd. 2–4), [11]1981

L. Ruppert, Das Buch Genesis. Teil I und II (Geistliche Schriftlesung AT 6/1; 6/2), Düsseldorf 1976, 1984

J. Scharbert, Genesis 1–11 (Die Neue Echter Bibel), Würzburg 1983

C. Westermann, Genesis, 3 Teilbände (Genesis 1–11; 12–36; 37–50) (Biblischer Kommentar AT I, 1–3), Neukirchen-Vluyn [3]1983, 1981, 1982

W. Zimmerli, 1. Mose 1–11 (Urgeschichte) (Zürcher Bibelkommentar AT 1.1), Zürich [4]1984

Ders., 1. Mose 12–25 (Abraham) (Zürcher Bibelkommentare AT 1.2), Zürich 1976

Monographien und Aufsätze

W. Beyerlin (Hrsg.), Religionsgeschichtliches Textbuch (Grundrisse zum AT), Göttingen 1975

E. Blum, Die Komplexität der Überlieferung. Zur diachronen und synchronen Auslegung von Gen 32,23–33: Dielheimer Blätter zum AT, H. 15 (1980), 2–55

V. Fritz, »Solange die Erde steht« – Vom Sinn der jahwistischen Fluterzählung in Gen 6–8: ZAW 94 (1982), 599–614

G. Fohrer, Theologische Grundstrukturen des Alten Testaments, Berlin, New York 1972

M. Görg, »Wo lag das Paradies?« – Einige Beobachtungen zu einer alten Frage: Biblische Notizen, H. 2 (1977), 23–32

Ders., Die »Sünde« Salomos. Zeitkritische Aspekte der jahwistischen Sündenfallerzählung: Biblische Notizen, H. 16 (1981), 42–59

R. Kilian, Genesis 22,1–18 (Osternacht 2. Lesung), in: J. Schreiner (Hrsg.), Die alttestamentlichen Lesungen der Sonn- und Festtage, Lesejahr B, Bd. 2, Würzburg 1970, 65–76

L. Perlitt, Bundestheologie im Alten Testament (Wissenschaftl. Monographien zum AT und NT, Bd. 36), Neukirchen 1969

E. Ruprecht, Exodus 24,9–11 als Beispiel lebendiger Erzähltradition aus der Zeit des babylonischen Exils, in: Werden und Wirken des AT (Festschrift f. C. Westermann), hrsg. v. R. Albertz u. a., Göttingen, Neukirchen 1980, 138–173

E. Zenger, »Das Blut deines Bruders schreit zu mir« (Gen 4,10). Gestalt und Aussageabsicht der Erzählung von Kain und Abel, in: D. Bader (Hrsg.), Kain und Abel, Rivalität und Brudermord in der Geschichte des Menschen, München 1983

Ders., Gottes Bogen in den Wolken. Untersuchungen zu Komposition und Theologie der priesterschriftlichen Urgeschichte (Stuttgarter Bibelstudien 112), Stuttgart ^{2}1987

Literaturnachträge (zur 2. Auflage)

Bibelwochenheft 1985/86: Gottes schwierigstes Geschöpf: der Mensch. Sieben Texte aus der Genesis (1. Buch Mose), Stuttgart 1985.

W. Hofius/K. J. Wrage, Nirgendwo liegt Eden. Arbeitsheft zur Bibelwoche 1985/86. Sieben Abschnitte aus der Urgeschichte (Gen 1–11). Hrsg.: Arbeitsgemeinschaft Missionarische Dienste, Stuttgart 1985.

Bibel heute. Heft 88: Glauben wagen: Abraham, Stuttgart 1986.

F. Johannsen/Chr. Reents, Alttestamentliches Arbeitsbuch für Religionspädagogen (Kohlhammer Tb. 1041), Stuttgart u. a. 1987 (2. und 3. Abschnitt).

J. Scharbert, Genesis 12–50 (Die Neue Echte Bibel), Würzburg 1986.

C. Westermann, Am Anfang. 1. Mose, 2 Bde., Neukirchen-Vluyn 1985.

Die Autoren

Werner Berg, Professor für Exegese und Theologie des Alten Testaments an der Ruhr-Universität Bochum, Fakultät Katholische Theologie

Wolfgang Baur, Referent beim Katholischen Bibelwerk e. V., Stuttgart

Günter Hegele, Professor für Praktische Theologie und Jugendarbeit an der Evangelischen Fachhochschule Rheinland-Westfalen-Lippe, Fachbereich III, Düsseldorf

Rudolf Hoppe, Referent beim Katholischen Bibelwerk e. V., Stuttgart; vorher Religionslehrer im gymnasialen Schuldienst

Beatrix Moos, Religionslehrerin im gymnasialen Schuldienst, Tätigkeit in der Erwachsenenbildung

Peter Neumann, Studienleiter an der Freizeit- und Bildungsstätte Bernhäuser Forst, Stetten/Fildern (Leinfelden-Echterdingen 3)

Werner Ullrich, Seminar für Gemeindeaufbau der Moravian Church, Südafrika; vorher Leiter der Abteilung Kirchliche Bildungsarbeit und Pfarrer im Evangelischen Gemeindedienst für Württemberg, Stuttgart

Bibelauslegung für die Praxis

Herausgegeben vom Evangelischen Bibelwerk
und vom Katholischen Bibelwerk e. V.

Diese Reihe verbindet die wissenschaftlich fundierte Bibelauslegung und die Praxis der Bibelarbeit auf neuartige Weise. Der Ertrag der theologischen Forschung am biblischen Text wird in allgemein verständlicher und übersichtlicher Form dargeboten. Weiterführend und ergänzend treten daneben jeweils Anleitungen zur Erschließung des Textes im Bibelgespräch einer größeren oder kleineren Gruppe. Der Pfarrer, der einen Gemeindeabend veranstaltet, findet hier ebenso Anregung wie der Kreis, der sich spontan und ohne theologischen Leiter trifft.

Bisher sind folgende Bände lieferbar:

Band 1: *Urgeschichte des Glaubens* – Genesis
Band 2: *Der lange Weg der Befreiung* – Exodus bis Numeri
Band 8: *Sehnsucht nach dem lebendigen Gott* – Ijob
Band 11: *Licht der Völker* – Jesaja
Band 14: *Der aufhaltbare Untergang* – Hosea, Joël, Amos, Micha
Band 16: *Die bessere Gerechtigkeit* – Matthäus
Band 17: *Die nahegekommene Gottesherrschaft* – Markus
Band 18: *Jesus zwischen arm und reich* – Lukas
Band 20: *Wege des Wortes* – Apostelgeschichte
Band 22: *Gemeinde im Lernprozeß* – Korintherbriefe
Band 23: *Aus der Freiheit leben* – Briefe an die Galater, Thessalonicher und an Philemon

Im Herbst 1988 erscheint Band 19 mit der Auslegung des Johannes-Evangeliums.